天津市哲学社会科学规划项目　TJSL16-004

U0743771

日本战后日语教育国际化研究

程志燕◎著

天津出版传媒集团

天津人民出版社

图书在版编目（CIP）数据

日本战后日语教育国际化研究/程志燕著. -- 天津：
天津人民出版社, 2018.9
（南开大学世界近现代史研究丛书）
ISBN 978-7-201-14140-4

Ⅰ.①日… Ⅱ.①程… Ⅲ.①日语—教学研究—国际
化 Ⅳ.① H369.3

中国版本图书馆 CIP 数据核字 (2018) 第 212501 号

日本战后日语教育国际化研究
RIBEN ZHANHOU RIYU JIAOYU GUOJIHUA YANJIU

出　　版	天津人民出版社
出 版 人	黄　沛
地　　址	天津市和平区西康路 35 号康岳大厦
邮政编码	300051
邮购电话	（022）23332469
网　　址	http://www.tjrmcbs.com
电子信箱	tjrmcbs@126.com

责任编辑	岳　勇
装帧设计	明轩文化·王　烨

印　　刷	高教社（天津）印务有限公司
经　　销	新华书店
开　　本	787 毫米 × 1092 毫米　1/16
印　　张	14
字　　数	200 千字
版次印次	2018 年 9 月第 1 版　2018 年 9 月第 1 次印刷
定　　价	68.00 元

序

我国学者历来都非常重视对不同文化的研究。自从美国哈佛大学教授小约瑟夫·奈提出"软实力"的概念后，关于文化的研究从对文化本身的研究进一步扩展到了对文化传播及其影响力的研究。这是近年来文化研究的特点之一。其原因在于，根据软实力理论的观点，文化是软实力的核心内容，一个国家、一个民族，想要在世界上发挥更大的影响力，其文化一定要具有相当的实力，并进行广泛的传播。

第二次世界大战以后，随着经济的高速发展，日本经济实力不断增长，其经济影响力显著增强。然而，作为一个非传统上意义上的西方国家、非传统意义上的人类文明的重要发源地，日本文化在世界上的影响十分有限，与其在经济上的影响完全不相适应。到了20世纪80年代中期，即中曾根内阁时期，日本提出了"政治国家""国际国家"的发展目标，以期提高日本文化在世界上的影响力，并深刻地认识到，在以往的历史中，日本比较重视的是"引进"或"接收"先进的文化，而在对外"传播"日本文化方面明显不足。

"引进"和"接受"外来文化是为了增强自己的实力，对外"传播"文化，同样是为了增强自己的实力，而且增强的是软实力。如何对外"传播"日本文化？除了深入研究和挖掘日本文化的精华与优长之外，还必须充分利用文化传播的重要工具——语言。本书作者正是通过这样一种思路，即日本从日语教育的国际化出发，通过加大对外日语教学，通过让更多的外国人掌握日语，来扩大日本文化的影响力。按照文化软实力的理论，就是通过语言的传播，增强扩大文化软实力的可能性。语言不通，文化传播就会受阻，而且语言教学的本身也是一种文化传播。如前所述，日本算不上传统意义上的文化大国，日语是非西方语种，即使是在同属东亚的中国，日语教育在外语教学中也是小语种。那么日本是如何通过强化日语教学扩大日本文化在国际上的影响力的呢？通过作者的研究，其在如下三个方面非常值得我们关注。

首先，作者论述了历史上日语教育国际化的全过程，其内容涵盖了明治之前直至当前。综观日语教育国际化的全过程，我们发现，日语的对外传播大致上分为两种性质。一种是对外殖民时代强制性的文化输出。日本明治维新之后，在对外关系上选择了对外侵略和殖民。作为殖民统治的重要一环，日本把日语教育作为其文化输出和奴役殖民地人民的重要手段，在殖民地强迫推行日语教育，在我国的东北地区、台湾地区，以及朝鲜、东南亚各国均是如此。日本在其所属殖民地的这种做法，虽然可以强制性地使当地人民接受日语教育，但对于传播日本文化并没有明显的意义，甚至会引起当地人民的反感和反抗。另一种是随着日本经济的发展，日本社会文明程度的提高，日本的经济发展模式乃至日本文化对其他国家产生了吸引力，各国人民自然而然地会关注日本的发展，主动地探求其发展的内在原因。在这种情况下，日本政府重视并提出日语教育国际化，加强日本文化的对外传播，这就形成了日本文化通过日语向世界传播的可能性。应该说，20 世纪 80 年代以后，日语教育国际化的过程基本属于这种性质。

其次，通过作者的深入研究，我们发现，日本的日语教育国际化是由日本政府出面组织与协调，整合各种机构、组织与团体，有计划、有步骤地展开的。且不论日本对外侵略时期的殖民政策是由政府统一制定并实施的，就是在第二次世界大战之后，日本为了争做"国际国家"，对外弘扬日本文化，其对外日语教育也是由政府主导的。日本负责日语教育国际化的主要部门是文部科学省和外务省。文部科学省通过援助外国留学生、开展在日外国人日语教育、促进国际交流、派遣日语教师赴海外支教等举措，大力推行日语教育国际化。外务省则通过政府开发援助的方式，向海外的大学赠送日语教育器材、图书、国际电视频道接收装置等手段，促进日语教育的国际化。此外，日本政府的总务省、经济产业省、厚生劳动省、法务省也根据自己的不同职责，积极配合和参与日语教育国际化的推广工作。甚至各种教育机构、民间组织、地方政府也积极介入，形成了一套完整的体制与机制，开展对外日语教育、推行日语教育的国际化，弘扬日本文化。

最后，日本在日语教育国际化的过程中，其对外日语教学形成了一套完整的教学体系，并根据不同国家的不同国情，因才实教，强调教学的效果。在教师的培养上，日本建立了严格的教师培训制度、检定制度，确保了教师的质量。在教材的编撰上，各专门出版机构出版了大量的日语教科书，并为教师提供了丰富的教学素材和实例。在教学内容上，尽可能将日本文化融入日语教学之中，在讲授日语的同时，传播日本历史文化。日本对外日语教学最主要的对象在亚洲，而亚洲最大的市场在中国。中国学生学习日语的目的是多样化的，根据日本国际交流基金的调查，中国学生学习日语的目的主要是就业、赴日留学等，而且市场广大、人数众多。因此，日本在中国的日语教育主要是依靠国际交流基金，在中国建立教育文化交流中心、专门的教育机构，为中国培训日语教师、建立赴日留学预备学校等，并在教授日语的同时，进行企业经营与管理方面的研修。在一些东南亚国家，由于在中学已开设日语课程，日本将日语教育的重点放在了中学，通过举办日语或日本文化讲座、举办动漫节等活动，促进日语教学的开展和日本文化的传播。在非汉字文化圈的欧美各国，日本采取的主要措施是派遣高水平的专家和教师，在大学从事日语教学。所有这些措施，都对日本的日语教学的国际化发挥了积极的作用，收到了良好的效果。

中国是人口大国，其文化和语言在世界上的影响力远超日本。即使如此，随着中国的崛起，也面临着中国文化走出去和汉语教育国际化的问题。显然，日本的日语国际化的一些做法可以借鉴。近年来，为了向世界弘扬中国优秀的传统文化，教育部门以大学为基础，在世界各国开办了孔子学院，得到了世界各国的普遍好评，取得了很好的成绩，积累了很多经验。对比日本日语教育国际化的某些做法，应该说是各有千秋、各有所长。日本以文部省和外务省为主导，各个政府部门主动参与和介入的模式、建立完整的对外日语教学体系，以及根据不同国家、不同地域特点开展教学活动的做法，都值得我国认真研究，并汲取有益的经验，进一步办好孔子学院、搞好对外汉语教学，更好地发挥中国文化的影响力。

本书作者不仅长期从事日语教学，对日本日语教育的国际化有亲身的体验，而且时刻关注日本对外日语教学动向。作者在攻读博士学位期间，收集了大量日语教育国际化的资料，掌握了大量日本海外日语教育的统计数据，对日本政府日语教育的国际化政策进行了深入研究，做出了客观的评价，具有重要的现实意义和学术价值，并因此获得博士学位。此后，作者以其博士论文为基础，继续丰富资料、深入研究，并完成了中国首部关于日本日语教育国际化的研究专著。对于作者通过辛勤耕耘所取得的收获，我表示深深敬意，并期盼这部研究成果能对汉语教育国际化有所借鉴，为中国的日本研究特别是日本文化软实力的研究提供有价值的学术参考。

张健

2018 年 8 月 7 日

前　言

　　20 世纪 90 年代初，美国哈佛大学教授小约瑟夫·奈的著作《美国定能领导世界吗》（*Bound to Lead: The Changing Nature of American Power*）发表后，"软实力"成为风靡国际关系领域的关键词。如今，人们审视世界的目光，已从传统的领土、武备、经济发展、科技进步等有形"硬实力"方面，转向文化、价值观、影响力、感召力等无形"软实力"的宽阔视域。人类发展的历史表明，经济、军事上的大国和强国，往往同时也是文化大国，掌握着"语言"的霸权。因此，语言的传播和受众程度，已成为衡量一国软实力的重要指标。

　　日本于 20 世纪 60 年代末成为经济大国后，国际地位和影响日益提高。进入中曾根康弘执政的 80 年代以后，开始实施"文化大国"战略，全力推进日语教育的国际化便是落实其文化大国战略的重要举措。

　　本书从国际关系中的软实力理论视角出发，运用历史学的实证研究方法，在充分参阅中外学界先行研究的基础上，重点分析了日本政府在日语教育国际化方面的相关计划和政策规定。通过日本国际交流基金、日语教育振兴协会等机构的最新调查统计数据，研判日语教育国际化的实施效果，从而对其进程进行了全面系统的考察，阐明了日本在不同历史时期推进日语教育国际化的背景、政策、途径和手段。

　　二战前，日本曾在朝鲜、中国的台湾和东北等地强制推行奴化教育，其积累的"经验"和教训是作为一种"遗产"留给战后，并构成了 1945 年后推行日语教育国际化基点的。鉴此，本书在第一章考察了战前日本在殖民地、占领地推行日语奴化教育的方针、政策、手段和效果，为审视二战后日本推进的日语教育国际化提供基础性比较的靶标。在此基础上，第二至第五章，依次考察分析了日本的日语教育国际化保障机制、日语国际化的教学体系、日本在亚洲和欧美国家推广日语的实施状况和效果。

基于上述考察和分析，本书指出，二战后日本推广日语教育国际化的路径和手段，一是官民并举模式，既有自上而下的政府主导和政策支持，有政府主管部门及其下属独立行政法人的具体操作，又有为数众多的民间机构的积极参与；二是多元推广模式，既有政府开发援助、经济合作、技术交流名义下的日语培训，也有通过驻外使领馆、国际交流基金现地派出机构进行的海外日语教师培训、日语教材及教学设备的赠予，以及向外国的日语教师和学生赴日研修和留学提供资金支持等；三是因地制宜模式，即根据对象国的社会状况和文化背景，采取相应的日语推广措施；四是以上述三种日语教育国际化的推广模式为依托，从日语教育本身的规律出发，在师资、教材、教学法的投入上不遗余力。

关于二战后日本推进日语教育国际化的效果，本书认为主要表现在以下方面：一是全世界的日语学习者和在日留学生规模急剧扩大，40 年里全世界日语学习者人数扩大了五十余倍；二是日语教育国际化促进了日本的对外经济文化交流，留学生的扩大为少子老年化社会的日本高等教育事业注入了活力，日语与动漫等文化产业一起走向了世界；三是推广日语的过程中培养了大批知日派，增进了世界各国对日本的了解和好感。由此，日本通过大力向世界推广日语教育，国家的软实力得到了提升。本书同时指出，由于近年来日本经济不振及其国际地位的相对下降，日语教育国际化资金投入的萎缩，以及日本政府在历史认识、领土归属等问题上的错误态度等诸多因素的制约，昔日的国际日语热在降温，日语学习者在减少，日本正面临着如何应对新局面的考验。

目　录

绪 论

一、选题意义与研究对象

语言是人类文化交流与文化传承的重要工具，对于一个国家民族的文化传播、形象认知和交流理解等方面有着重要的、无可替代的作用。因此，一般地讲，一个国家或民族为了本国或本民族的国际化，为了拓展自己的国际影响力，都会大力推行本国语言的国际化。语言影响力相对较小，或依赖外部资源才得以发展和生存的国家或民族尤其如此。

日本在第二次世界大战后发展成为经济强国，其国际地位也随之提高，但日本政府并不满足于此。20 世纪 80 年代，中曾根康弘提出日本应从"经济大国"转变成为"文化大国"的发展战略。认为日本"对吸收和消化外国文化，即对文化的'吸收'过于热心，但对于文化的'传播'所做的努力却很不充分"。"日本越是要成为国际国家，就越要思考如何在世界上传播日本文化。"[1] 日本驻华使馆新闻文化中心原主任井出敬二也曾深有感触地说："学习日语、访问过日本、同日本有交往的中国人与没有这些经历的中国人相比，对日本更有亲近感。"[2] 可见，日本政府深知文化的作用和日语国际化的重要意义，为了实现"文化大国"的战略目标，他们已经把日语的国际化作为日本对外宣传、文化交流、树立国家形象的重要手段之一。

---

[1] 吴廷璆：《日本史》，南开大学出版社，1994 年，第 1147 页。
[2] [日]金子将史主编：《公共外交"舆论时代"的外交战略》，外语教学与研究出版社，2010 年，第 155 页。

　　经济社会的发展与语言的国际化互为因果，也就是说，经济社会的发展有助于语言的国际化，而语言的国际化也会加速经济社会的发展。二战后，随着日本经济的发展，日语成为世界第六大语言，全世界学习日语的人数不断增多，在国际交流中发挥着日趋重要的作用。日本政府及社会各界也采取多种措施，积极推进日语教育的国际化。根据日本国际交流基金的最新统计数据，1974 年海外共有 898 个日语教育机构，2254 名日语教师，日语学习者人数为 7.8 万人。[①]而 2012 年海外共有 1.6万个日语教育机构，6.4 万名日语教师，日语学习者达到近四百万人。[②]在不到四十年的时间里，全世界日语学习者人数扩大了五十余倍。日语教育国际化不仅传播了语言本身，对促进国际交流、推动经济发展等也发挥了重要作用。

　　日本是一个单一民族国家，其不同于拼音文字的特点，决定了日本要比一般国家下更大的气力、采取更多的举措，推行日语教育的国际化。对此，中国学者唐振福评价说：

　　　　日本从历史上输入东西方文化服务于国家各项事业的发展，到现在成为影响世界教育国际化进程的教育发达国家之一，这一过程体现了从落后到先进、从输入到输出、从被动到主动地转变过程和深刻的历史变迁。如同我们所接受的日本是一个"追赶型民族""后发外生型"国家的概念一样，这一历史进程本身就是日本借鉴东西方文化和教育并成功形成自己特色的国际化进程。[③]

　　经过 40 年的高速发展，中国的国际影响力日益扩大，可以说"中国需要世界，世界更需要汉语"。让中国文化走出去，其载体正是汉语。

---

① 日本国际交流基金主页，http://www.jpf.go.jp/j/japanese/survey/result/dl/1975gaiyou.pdf。
② 日本国际交流基金主页，http://www.jpf.go.jp/j/japanese/survey/result/survey12.html。
③ 唐振福：《日本教育国际化战略研究——基于公私二元结构路径的视角》，经济科学出版社，2011 年，第 3 页。

"它山之石，可以攻玉"。日本的日语教育国际化推广至今，积累了成功的经验，也面临着不少的问题，研究日语教育国际化的经验与不足，可以从正反两方面为我国对外汉语推广提供借鉴和参考。

国内学界关于日本教育史的研究成果颇丰，但有关日语教育国际化的研究还比较零散，全面、系统的专题研究成果乏见。鉴于此，本书拟以日本日语教育国际化的历史进程为基本线索，运用实证研究的方法，重点阐述二战后日本推进日语教育国际化的背景、政策、方针和途径，进而对其实施效果进行客观的分析与评价。

二、国内外研究现状

相对于国内外学界汗牛充栋的日语研究及日本教育研究，日语教育国际化方面的研究尚属正在开发的领域，即便在日本学界，相关的研究成果也大多是作为日本语言教育史、语言政策史等相关论著的一部分内容体现的。中国学界不乏日本对外侵略时期的日语教育的相关研究，但对二战后日本向海外推广日语教育的相关研究则明显薄弱。

（一）日本学界研究现状

日本学界有关日语教育国际化的研究成果多以论文集的形式体现，缺少系统性研究，并且在一些具体问题上，例如日语教育史分期、奴化教育的侵略性等方面观点并不一致。其中比较有代表性的研究成果为：关正昭的《日语教育史研究序说》①、木村宗男主编的《讲座日本语和日本语教育（15）》②、田尻英三的《日语教育政策指南（2008）》③、嶋津拓的《"普及日语"的语言政策》④、水谷修监修的《日语教育的过去·现在·未来》⑤

---

① ［日］关正昭：《日语教育史研究序说》，3A 网络出版，2008 年。
② ［日］木村宗男编：《讲座日本语和日本语教育（15）》，明治书院，1991 年。
③ ［日］田尻英三：《日语教育政策指南（2008）》，羊书房，2008 年。
④ ［日］嶋津拓：《"普及日语"的语言政策》，羊书房，2010 年。
⑤ ［日］水谷修监修：《日语教育的过去·现在·未来》（5 卷本），凡人社，2009 年。

和日本日语教育史研究会编辑的《日语教育史论考（第二辑）》[①]等。

在这些著作中，关正昭的著作是目前该领域较有影响力的研究成果。关是日本学界日语教育史研究的代表人物，其所著的《日语教育史研究序说》对 1895 年至现代的日语教育进行了概括性总结，堪称日语教育史的研究入门书。作者从语言政策史的角度出发，运用了诸多材料详述了二战前日本在殖民地强制推行日语教育的实态，明确指出当时的日语教育是在日本霸权主义下强制实施的，并对当时的政策和教育理念进行了批判，体现了作者鲜明的历史观和立场。此外，该书还系统性地总结了 15—16 世纪来日传教士的日语学习法和日本漂流民的足迹，以及明治以后在移民社会中的教育和海外的教育机构、教科书等日语教育的相关要素。该研究不只是概述性的日语教育史，而且也言及了日语教育史研究上的问题点和今后的课题。但是由于该书是作为本领域的研究入门书，虽提出了多处问题而缺少深入分析。此外，诸如此类的入门书还有日语教育学会编的《日语教育事典》[②]。

木村宗男主编的《讲座日本语和日本语教育（15）》一书，叙述了16 世纪至二战后的日语教育史。在基于史料的基础上，运用了大量从事日语教育者的一手材料。虽然这本书涉及了二战前后各界各地的日语教育史的诸多方面，但由于书中各章节分担执笔者众多，所以全书欠缺明确的时代划分以及统一的研究视点。并且该书的研究时间下限为 20 世纪 80 年代，距今已经有三十余年了，资料和数据相对陈旧，无法反映出近年来日语教育国际化的发展变化。

田尻英三的《日语教育政策指南（2008）》一书，是从日语教育政策史的角度出发，围绕 1945 年至 2008 年间在日外国移民的日语教育政策展开研究的一本学术著作。书中以时间为轴对日本政府各部门实施的

---

① ［日］日本日语教育史研究会编：《日语教育史论考（第二辑）》，冬至书房，2011 年。
② ［日］日语教育学会编：《日语教育事典》，大修馆书店，1993 年。

日语教育政策进行了深入的分析，涉及了国际交流基金等日语教育推广的相关部门对在日外国移民日语教育中发挥的重要作用。在对当下日语教育政策的趋势进行深入分析的基础上，作者明确指出今后的日语教育政策应适应多文化共生的社会发展需要。

嶋津拓的《"普及日语"的语言政策》一书，专注于海外的日语教育普及政策，其主要特点是二战前与二战时的语言政策论述详细，但是就二战后的日语普及研究并不多见。该书运用语言政策论、行政学及国际关系论等方法论，对现有公开的语言政策史料展开论述。作为政策研究的基础参考书，多以介绍为主，分析为辅。

水谷修监修的《日语教育的过去·现在·未来》系列研究，从日语教育对社会贡献的视角，通过对社会、教师、教室、发音、文法五个课题的专门研究，探讨日语教育对日本共生社会的形成、提高日本国际地位的重要作用。由于该书是水谷修一众弟子为老师祝寿而作，属于论文集，缺乏系统性和理论深度。

由日本日语教育史研究会编辑的《日语教育史论考（第二辑）》一书，是近年来一部学术水平较高的论文集。书中所载文章从 2004 年至 2011 年间每年两次的日语教育研究会上所发表的学术论文和演讲中甄选，涉及了有关教科书编纂、殖民地的日语教育以及日语教育史时代划分等课题，文章执笔者均为本领域中具有代表性的学者，集中体现了最前沿研究课题与成果。同时，书中还详尽总结了有关日语教育史研究会 20 年间的活动记录。

此外，山下晓美编著的《解说日语教育史年表》① 系统地整理了 5 世纪至今的日语教育事件，为本书提供了大量的重要史料线索。实藤惠秀著《中国人留学日本史》② 详述 1896 年至 1937 年间留学日本运动的

---

① ［日］山下晓美：《解说日语教育史年表》，国书刊行会，1998 年
② ［日］实藤惠秀：《中国人日本留学史》，黑潮出版，1960 年。［日］实藤惠秀：《中国人留学日本史》（中译本），谭汝谦、林启彦译，北京大学出版社，2012 年。

缘起和演变、留日学生就读的学校种类及课程，亦论及清末以来留日学界的种种政治组织和活动，又另立专章详细探讨留日学生对中国近代思想、政治、教育、文学、语言、翻译、出版事业等方面的贡献和影响。此书不但取材广博，立论亦颇平实客观，对本研究具启发作用。

综观日本学界有关日语教育史的研究现状，学者们大多围绕二战时以及二战后初期的日语教育研究立题，多侧重日语教育政策的研究，对近三十余年的日语教育国际化推广的研究并不多见。

（二）中国学界研究现状

关于日语教育史，目前国内没有专门的研究性专著，但关于日本侵华教育史的研究专著还是较为丰富的。从研究成果上看，中国学界关于日本侵华教育史的研究中，对东北地区与中国台湾日据时期的研究基础较好。从 20 世纪 40 年代开始就已经对东北和台湾地区的侵华教育开展研究，资料积累较为充分，成果较多。对其他地区如华北、华中、华东、华南沦陷区的研究成果则相对薄弱。

有关侵华教育史的相关代表研究著作有：卢鸿德主编的《日本侵略东北教育史》[①]，武强的《日本侵华时期殖民教育政策》[②]，齐红深主编的《日本侵华教育史》[③]和《抹杀不了的罪证——日本侵华教育口述史》[④]，宋恩荣、余子侠主编的《日本侵华教育全史》（四卷本）[⑤]等。

在这些著作中，卢鸿德主编的《日本侵略东北教育史》一书对日本帝国主义在东北进行殖民教育 40 年的历史进行全面、系统的研究。既研究日本侵略东北时期教育的方针、政策、特点、实施过程和后果，也研究日本殖民奴化教育的体系、教育结构、管理、经费、师资、课程与

① 卢鸿德主编：《日本侵略东北教育史》，辽宁人民出版社，1995 年。
② 武强：《日本侵华时期殖民教育政策》，辽宁教育出版社，1994 年。
③ 齐红深主编：《日本侵华教育史》，人民教育出版社，2002 年。
④ 齐红深主编：《抹杀不了的罪证——日本侵华教育口述史》，人民教育出版社，2005 年。
⑤ 宋恩荣、余子侠主编：《日本侵华教育全史》（四卷本），人民教育出版社，2005 年。

各级各类教育。该书资料翔实，采用"史志结合体"加以叙述，深入地揭露日本殖民教育的本质及其与日本整个侵略政策和政治、经济、军事、文化的关系。武强著的《日本侵华时期殖民教育政策》则将研究范围进一步扩大，包括了台湾地区和汪伪统治区，对日本侵华时期殖民教育政策进行了更为全面的考察。

齐红深主编的《日本侵华教育史》是国内第一次把研究的视野从中国台湾、伪满洲国扩展到整个"被占领区"的完整的日本侵华教育史著作。该书对台湾地区、旅大、"满铁"、伪满洲国、"蒙疆"、华北伪政权、汪伪政权做了全面考察，从纵向系统地梳理了日本侵华教育的背景、政策、实施以及中华民族的应对，从比较研究的视角对相关地区与国家的殖民教育进行对比分析，力图在较深的层次上探求规律性的认识。该书有一定的史料基础，立论清晰，分析深入，影响较大。

齐红深主编的另一部著作《抹杀不了的罪证——日本侵华教育口述史》，是国内第一部运用口述史学方法研究日本侵华殖民奴化教育历史的著述。口述史学方法是"通过亲历者的口述来描述历史，在世界范围内是一种普遍采用的方法"[1]。该书从一千两百多位老人中精选出近五十位老人，通过他们的口述，获得了大量的一手资料，并汇集了大量珍贵的历史图片，再现了一部真实、生动、立体、直观的日本侵华教育史。

宋恩荣、余子侠主编的《日本侵华教育全史》，该书分为四卷，第一卷为"东北卷"，第二卷为"华北卷"，第三卷为"华东、华中、华南卷"，第四卷为"台湾卷"。全书既有对日本侵华教育政策、教育制度的研究，也有对日本侵华教育实施状况和后果的研究；既有对日本帝国主义加害方的研究，也有对中华民族受害方应对措施的研究。该书是我国首套全

---

[1] 齐红深主编：《抹杀不了的罪证——日本侵华教育口述史》，人民教育出版社，2005年，第3页。

面、系统地研究日本侵华教育历史的大型学术专著，具有重要的学术理论价值、现实意义和政治影响。

关于日本侵华教育史的研究，除上述专著之外，国内学界还发表了一些论文。比较有代表性的研究有：孙新兴的《日本在青岛的殖民奴化教育评析》[①]、李延坤的《"关东州"的殖民文化研究——以日语教育为中心》[②]、周翔鹤的《1895—1937台湾地方社会的教育和殖民当局的同化政策——读台湾乡土文献》[③]、夏军的《日伪统治下的日语教育》[④]、鲜明的《〈东语正规〉在中国日语教育史上的意义》[⑤]、任其怿的《日伪时期内蒙古西部的日本语教育》[⑥] 等。这些研究成果对侵华时期的日语教育史研究具有重要参考价值和借鉴意义。

关于二战后日语教育国际推广方面，目前还没有专门、系统性的研究专著，但已有几篇相关的论文。如张婧霞的《日语国际推广的历史与现状研究》[⑦]、杨薇的《浅谈日本的海外日语教育对我国民族教育的借鉴》[⑧]、谯燕的《日语推广的历史与现状》[⑨]、田中秀明的《汉语国际推广与日语国际推广的比较研究》[⑩] 等。这些论文以日语教育的国际推广为研究视角，但在研究深度和广度上还都明显存在局限性。

---

① 孙新兴：《日本在青岛的殖民奴化教育评析》，《抗日战争研究》，2003年第1期。
② 李延坤：《"关东州"的殖民文化研究——以日语教育为中心》，《东北亚论坛》，2012年第2期。
③ 周翔鹤：《1895—1937台湾地方社会的教育和殖民当局的同化政策——读台湾乡土文献》，《台湾研究集刊》，2003年第3期。
④ 夏军：《日伪统治下的日语教育》，《民国档案》，2005年第2期。
⑤ 鲜明：《〈东语正规〉在中国日语教育史上的意义》，《日语学习与研究》，2011年第6期。
⑥ 任其怿：《日伪时期内蒙古西部的日本语教育》，《内蒙古师范大学学报》，2006年第11期。
⑦ 张婧霞：《日语国际推广的历史与现状研究》，西南大学，2008年硕士论文。
⑧ 杨薇：《浅谈日本的海外日语教育对我国民族教育的借鉴》，《民族教育研究》，2007年第5期。
⑨ 谯燕：《日语推广的历史与现状》，《国际汉语教学动态与研究》，2007年第2期。
⑩ [日]田中秀明：《汉语国际推广与日语国际推广的比较研究》，辽宁师范大学，2011年硕士学位论文。田中秀明为日本留学生，因在中国取得硕士学位，论文语言为中文，故将其归在国内学界内介绍。

除此之外，臧佩红的《日本近现代教育史》①、付克的《中国外语教育史》②、徐一平、曹大峰主编的《中日教育合作实践与成效研究——以"大平班"和北京日本学研究中心为例》③ 和唐振福的《日本教育国际化战略研究——基于公私二元结构路径的视角》④，虽然不是专门研究日语教育国际化问题，但分别从日本教育史、中国外语教育史、中日教育合作实践、日语教育国际化战略的视角，论述了相关问题，对本书的研究具有重要启发意义。

综观中日学界关于日本日语教育国际化的研究现状发现，立足于从某一侧面分析立论较多，但缺乏对国际化进程整体的系统分析；有关日本教育国际化的研究成果较多，但侧重于日本日语教育国际化的成果则鲜见。这表明目前学术界对日语教育国际化的研究还很薄弱，尤其需要对二战后的日语教育国际化开展专题研究。

三、研究视角及方法和结构

本书运用历史学的实证研究方法，参照政治学等学科的理论分析工具，同时采用计量分析的手段，试图将理论分析与实证研究相结合，对日本的日语教育国际化历程进行系统性研究。本书借助的基本理论分析框架和方法是：

（一）软实力理论的研究视角

美国学者约瑟夫·奈提出软实力理论，认为软实力是借助国家的吸引力而不是依赖强权来实现国家预期战略目标的。⑤ "国家的软实力主

---

① 臧佩红：《日本近现代教育史》，世界知识出版社，2013 年。
② 付克：《中国外语教育史》，上海外语教育出版社，1984 年。
③ 徐一平、曹大峰主编：《中日教育合作实践与成效研究——以"大平班"和北京日本学研究中心为例》，学苑出版社，2013 年。
④ 唐振福：《日本教育国际化战略研究——基于公私二元结构路径的视角》，经济科学出版社，2011 年。
⑤ ［美］约瑟夫·奈：《硬权力与软权力》，门洪华译，北京大学出版社，2005 年，第 105 页。

要来自三种资源：文化、政治价值观以及外交政策。"① 文化作为软实力的重要资源之一，在国家软实力建设中占有核心地位。一个国家的文化如果能够对其他国家产生吸引力，其中所蕴含的价值观、精神指向以及情感表达方式，能够得到其他国家的普遍认同，甚至被吸纳或融合到其他国家的文化中去，那么这个国家的意识形态影响力、制度影响力、外交影响力自然会得到增强，并产生良性循环、扩张的效果。②

文化软实力所涵盖的内容非常广泛，既包括传统文化的弘扬和传播，也包括现代文化的推广。奈提出："日本的文化影响早已不限于禅宗和空手道，而是通过动画和漫画传播了当代日本的价值观。这比日本军事力量的影响要大得多。但是，外国人很难学习日文，而日本的英语普及程度较低，大大限制了日本权利的发挥。"③ 正是鉴于此，近年来，日本政府不断努力加大日语教育的国际推广。

同时，国家形象是影响国家间行为的软实力之一，提升国家软实力对缺乏军事硬实力的日本而言尤为重要。日语教育成为日本对外宣传、树立国家形象的重要手段之一。日语教育国际化不仅传播了语言本身，而且对促进海外了解日本、加强国际文化交流、提升国家形象具有重要作用。

（二）史论结合的方法

本书首先运用历史学的方法，系统梳理与分析了日本日语教育国际化的历史脉络，将日语教育国际化推广的历史划分为三个时期：19世纪以前的日语传播与研究，对外殖民时期具有文化侵略性的日语教育，二战后以国际交流为目的的日语推广。通过对不同时期日语教育开展的背

---

① 唐代兴：《创建文化软实力学的宏观视野与基本思路》，《湖南大学学报》(社会科学版)，2010年第1期。
② 蒋英州、叶娟丽：《对约瑟夫·奈"软实力"概念的解读》，《政治学研究》，2009年第5期。
③ [美]约瑟夫·奈：《硬权力与软权力》，门洪华译，北京大学出版社，2005年，第11页。

景与方针、具体措施等进行研究分析与评价，为研究二战后日语教育国际化提供了基础。

在此基础上，运用政治学的分析方法，围绕日本推广日语国际化的政策演变，重点探讨了政策制定的目标缘由与实施效果。并通过集中分析日本在海外的日语推广，归纳日本推广日语教育国际化的手段与特征。

本书尽可能地利用翔实、可靠、最新的中日两国的资料和学术界既有的研究成果，全方位、立体式地对日本日语教育国际化进行宏观考察和微观分析。在对日本日语教育国际化政策决策过程的考察基础上，重点探讨学术界存在争议的重要问题，力争提出创新性观点。

（三）结构内容

本书正文由五章构成。第一章是全书实证研究展开的前提和基础，概括性阐述日语教育国际化的历史进程，主要内容包括 19 世纪以前的日语传播与研究、对外殖民时期日语教育的强制推行及战后日语教育国际化的演变路径。第二章考察分析了日语教育国际化的保障机制，分别从日本政府机构、学校教育机构、独立行政法人、民间组织等推广机构具体探讨日语教育推广政策的实施情况。第三章考察分析了日语国际化的教学体系，包括日语教师培养制度、日语教材的编写、日语教学方法的改善等。第四章重点论述日本在亚洲地区的日语教育情况、推广措施、对象国的反映与实施效果，包括中国、韩国、东南亚。第五章以澳大利亚、美国、西欧等欧美日语教育比较普及的国家为研究对象，探讨其日语教育的国际化情况、采取的措施与实施效果。结论通过分析日本推广日语教育国际化的手段与特征、日语教育国际化的效果与面临问题，提出日语教育国际化对我国推广汉语教育的借鉴与启示。

四、创新与不足

本书在大量参考和借鉴国内外学界研究成果的基础上，通过自身的学习和研究，大体在如下六个方面有所收获：

第一，在选题上，本书是国内首次系统论述日本日语教育国际化的研究成果。国内学界对日本对外侵略时期的日语教育，以及日语语言领域的研究成果是相当丰富的，但对日语教育国际化，尤其是日本二战后日语教育国际化的研究相对薄弱，研究成果稀少。因此，本书作为日语教育国际化专题系统研究的尝试，期待得到学界的反响。

第二，在研究方法的运用上，采用理论分析与全面考察相结合，以历史学、政治学的研究方法，全景式地展现了日本推广日语教育国际化的进程。同时，本书还以统计计量的研究方法，对日语教育的机构数量、教师数量、学生人数、学习目的、存在问题等进行了横纵双向的归纳和整理。通过量化分析，揭示了日本日语教育国际化推广的具体实态。

第三，在资料收集与利用上，本书基本掌握了迄今为止日本方面的相关史料和中国的相关最新研究成果，并在现有研究的基础上，对大量史料以及国际交流基金、日语教育振兴协会的最新调查统计数据等一手资料做了深入细致的挖掘，为客观地描述与评价日本日语教育国际化创造了条件。

第四，基于实证研究，本书对日本推广日语教育国际化的路径和特点进行了如下总结：采用政府主导、民间参与、相互合作的官民并举的推广模式；采用政府开发援助、经济合作、派遣教师、提供教材、支援日语教育机构、提供奖学金与赴日研修机会、举办日语能力考试、规范学校资质等多元化的推广方式；根据海外不同国家实际情况，积极调研，利用当地资源，因地制宜制定推广战略。本书认为，日本推广日语教育国际化的特征为：注重提高日语教师的水平，通过建立教师培养制度、检定制度、规范教师培养内容、召开各种研修会、参加各种教育机构的课程与培训保证和提高日语教师的师资质量；不断探索新的日语教授方法，力求不拘泥于一种教学法理论，努力根据学习者的实际情况使用最合适的教授法和技巧；不断改善教学内容，将日本社会风情等文化知识融入其中，使学习者在学习语言的同时，增加对日本文化的了解。

第五，关于日语教育国际化的效果，总体评价上是应予肯定的。日语教育国际化不仅传播了语言本身，对促进国际交流、树立国家形象等也发挥了重要作用。日语教育的推广促进了留学生规模的扩大，在知识领域为国际社会做出了贡献；日语教育国际化促进了日本经济的发展与文化的交流；日本通过日语教育的国际化推广，培养了大批知日派，增加世界各国对日本的了解和好感；日语教育已经成为日本对外宣传、树立国家形象的重要手段之一。日语教育国际化在快速发展的同时，也面临一定困境。日语本身的复杂性，日本在历史认识、领土争端等问题的不当处理，以及近年来日本国际交流基金减少日语教育预算、日语学校经营混乱等一定程度上减弱了其推广的效果。

第六，通过对日本日语教育国际推广的考察，本书认为日语教育国际化对我国推广汉语教育具有重要启示作用。在今后的汉语推广上，可以借鉴日本官民并举的模式，让更多的民间力量加入其中，加大支持民间办学机构、社会团体等参与对外汉语的推广；探索多元化的推广方式，采取灵活多样的办学方式以及多种合作模式，把视野扩大到各种渠道，包括当地的国民教育体系、高等院校、中小学、企业、政府、社团等；深入调研，因地制宜地制定推广对策，设立专门的调查机构，开展调查研究，及时掌握海外推广状况，研究、调整推广对策，以促进各国的汉语教育开展；加强教师培养，增加专家派遣；加强教材的开发，注重文化交流，提升中国的文化软实力；制定统一战略，规范管理，明确规范孔子学院的申办及设置的相关条件，做好定期资质与评估工作。

由于中日两国学界对日语教育史的研究成果较少，可资利用的资料也不丰富，因此，开展这一课题的专题研究是一个十分艰辛的过程。在研究过程中，本书力求选题创新、资料创新、结论创新，努力填补国内研究的不足，然而限于个人能力与水平，以及物质条件，笔者深深地感到，本书在分析问题的深度方面尚感不足，在理论阐释方面尚需提高，在资料的收集丰富程度方面尚有欠缺。所有这些，都期待着在日后的研究中予以弥补。

第一章　日语教育国际化的历史进程

语言对于一个国家的文化传播、形象认知、加强理解等方面有着无可替代的重要作用。日本是一个单一民族国家，其不同于拼音文字的特点，决定了日本要比一般国家下更大的气力、采取更多的举措，推行日语教育的国际化。综观日语教育国际化的历史，大致可分为三个时期：19世纪以前的日语传播与研究，对外殖民时期具有文化侵略性的日语教育，二战后以国际交流为目的的日语推广。

第一节　19世纪前的日语传播与研究

对外日语教育作为日本的国家事业被真正推行始于1895年日本在中国台湾的日语教育。而在此之前，从广义上来讲，从16世纪后期开始，已经出现以外国人为主体的日语学习与研究。例如，16世纪后期到17世纪前期盛行的天主教宣教团以传教为目的日语学习，以及此后17世纪末到18世纪中期日本漂流民在俄罗斯的日语传播，以及19世纪中期欧洲一些大学开始的日语学习与研究等。明治维新以后，日本逐渐以向韩国、中国的留学生教授日语为契机开始向海外推广日语。

一、明治前的日语国际传播

早在15至16世纪，中国就出版了日语辞书，如《日本寄语》（薛军，1523年）、《日本语译语》（作者不详，1492年至1549年间刊印）、《日本一鉴》（郑舜功，1565年）等。由于仅停留在单词阶段，没有文法的记述，水平还很粗浅。

明治维新以前的日语国际传播主要是以外国人的自主学习为主，是日语学习、日语研究的初创期。由于不是日本主动向外推广日语，因而具有一定被动性。

（一）天主教传教士的日语学习

1549 年，西班牙天主教传教士泽维尔（Francisco Xavier, 1506—1552）一行 8 人从印度出发，经过马六甲海峡，从鹿儿岛登陆日本，从而开启了在日本的传教事业。来日本的耶稣会传教士们最初全力学习日语，由于日语和他们的欧洲语系截然不同，因此学习遇到很大困难。其中一名叫作费尔南德斯的传教士（ジョアン・フェルナンデス）开辟了"习惯日语学习法"。当时，对于这些传教士而言，没有任何的语法书、词典，因此他认为要学习日语，必须彻底使用日语，不说其他语言，将其养成习惯。经过这些早期传教士的努力，随着更多的传教士来日本布教，日语学习也逐渐形成有组织性的学习。1579 年，耶稣会巡察使范礼安（Alessandro Valignano, 1539—1606）来到日本，提出要加强传教士的日语教育，并设立了由学林、修炼院、神学校组成的教育机构，开始有组织地进行日语学习。从 16 世纪末至 17 世纪初期，传教士们逐渐编写出了《拉葡日对译辞书》《落叶集》《日葡辞书》《日本大文典》《日本小文典》《高拉多日本文典》等多部学习日语的书籍，新来的传教士可以利用教师和语法书来学习日语。为了提高传教士的日语能力，传教士们还编写、印刷了一些天主教徒的语学书籍。

（二）日本漂流民在俄罗斯的日语传播

沙俄的日语教育、日语研究主要是以日本漂流民为中心的。1695 年，大阪的商人传兵卫在前往江户途中遭遇风暴而漂流至堪察加半岛。1699 年被沙俄探险家阿特拉索夫发现，并被带回圣彼得堡。1702 年，彼得大帝接见了传兵卫，并询问了有关日本的信息。彼得大帝从很早就希望和日本通商，以开发北太平洋地区，因此他命令传兵卫留在沙俄，先学习俄语，然后在圣彼得堡设立日语学校，让传兵卫教授日语。传兵卫后来归化沙俄，并改名"加甫里尔"，一生教授日语。沙皇希望通过俄国人学日语，培养沙俄对日本工作的专门翻译人才，以进一步染指日本。此后数年，又有一些漂流到堪察加半岛的日本人，也被带到圣彼得堡教授日语。这些日本漂流民在教授日语的同时，还编纂了很多教材，如《俄日语汇集》《日本语会话入门》《简略日本文法》，等等。1753 年以后，沙俄政府把圣彼得堡日语学校迁到了其在远东的重要据点伊尔库茨克。这所日语学校从开办直到 1816 年关闭为止，前后共办学百余年，对沙俄将势力延伸到日本北方领土一带产生重要影响。

（三）欧洲一些大学的日语学习与研究

1612 年，江户幕府实施禁教等一系列锁国政策后，国内学习日语的欧美人数急速减少，仅剩一些荷兰通商人员。并且政府还严密监视，这些人除了进行幕府允许的公务活动之外被禁止和日本人接触，并严格禁止公开学习日语。1690 年，荷兰商馆医生坎普佛（E.Kaempfer，1651—1716）游历日本后撰写的《异域采风记》、卡尔·彼得·通贝里（C.P.Thunberg，1743—1828）的旅行记录，以及荷兰商馆一些人带回去的日本相关资料引起了欧洲人对日本的兴趣，成为欧洲日本学和日语研究兴起的开端。特别是希波尔德（Franz von Siebold，1796—1866）与霍夫曼（Johann Joseph Hoffmann，1805—1878）的相遇对欧洲的日语研究是巨大推动。希波尔德是德国人，他在 1823 年以医生身份到日本的荷兰人定居地出岛任教，热衷于东洋植物学和民族学的研究。霍夫曼是希波尔德的同乡，拜希波尔德为师，并立志于日本研究。霍夫曼精通日语、汉语、朝鲜语等，通过运用欧洲比较语言学的方法，加深了日语研究。他先后发表了《日本文法试论》《日本文典》《兰英日商用对话》等研究成果。1851 年，霍夫曼成为荷兰莱顿大学的第一位日语教授，开启了欧洲大学的日语学习与研究。

在法国，18 世纪后半期也逐渐兴起了东洋研究。19 世纪出现雷慕萨（Abel Remusat, 1788—1832）与儒莲（Stanislas Julien, 1797—1873）等优秀的汉学家。1823 年，以雷慕萨、克拉普罗特（德国东洋语学者）等为核心，在巴黎成立了亚洲学会，并发行学会刊物《亚洲学会志》。这些汉学家开始有机会接触各种日本的文献，由于具备汉语基础可以判读日语文献，因此他们的兴趣逐渐也转向日语以及日本研究，并开始着手日语文法书的翻译，并于 1825 年出版了《日本小文典》《日本文典》等书籍。在法国的日语教育史上，罗斯奈（Leon de Rosny, 1837—1914）功不可没。1862 年，日本幕府遣使欧洲六国，罗斯奈利用担任翻译的机会，更加充实了日语知识。第二年，罗斯奈在巴黎东洋语学校开设了免费的日语讲座，教授十几名学生。1868 年，该校正式设立了日语课程，罗斯奈成为第一代日语教授。为教授日语，罗斯奈还撰写了 20 卷本的《日语实用教程》（因种种原因，未能全部完成）。此外，法国一些学者还将天主教传教士编写的《日葡辞书》《日本文法试论》翻译为法文出版。

综上所述，明治前的日语教育不是日本主动对外推广日语教学，而是欧洲人主动从事的日语教育与学习，具有一定的被动性。尽管如此，这一时期的日语研究与学习用书不仅反映了当时的文法文献，还选取了当时丰富的日常口语，这些作为日本语史、日本语学史的资料具有极高价值，同时也为后来的日语教材编写、日语研究提供了重要基础。

二、明治后的日语国际推广

1853 年，美国佩里来航叩关，日本被迫开国。英、法、美等国先后在日本设立公使馆，外交官、传教士、商人等陆续来到日本，再次创造了学习日语的机会。幕末到明治初期，在英国驻日公使阿礼国（R.Alcock, 1809—1897），英国驻日大使馆翻译萨道义（Ernest Mason Satow, 1843—1929），美国传教士、教育家塞缪尔·勃朗（Samuel Robbins

Brown，1810—1880），美国传教士平文（J.C.Hepburn，1815—1911）等人的努力下逐渐开辟了日语学习与研究。1886年，英国日语研究专家巴希尔·霍尔·张伯伦（Basil Hall Chamberlain，1850—1935）应聘到东京帝大等校执教，在日本生活了近四十年，成为当时最有名、贡献最大的日本研究家之一，他出版了《日本近世文语文典》《罗马字日语读本》《日本口语文典》《文字指南》等大量经典著作，并将《古事记》完整地译为西方语言。

与此同时，日本还开始向海外推广日语。1876年，日本与朝鲜签订《日朝修好条规》后，朝鲜向日本派遣了75名修言使。1880年，金弘集等58名第二批修言使赴日考察，回国后主张学习日本的近代化，并于第二年派出13人的朝士视察团，考察日本的近代设施。在1881年朝鲜派遣修言使赴日的同时，朝鲜王朝大臣鱼允中将柳定秀、俞吉濬托付给庆应义塾的创办者福泽渝吉，他们成为朝鲜最早的赴日留学生。1883年，庆应义塾又接受了徐载弼等61名留学生入学。

1896年，即中日签订《马关条约》的第二年，清朝大使向日本外务大臣兼文部大臣西园寺公望提出派遣13名留学生 [①] 的要求，遂开启了清朝赴日留学的开端。1898年3月，日本驻北京公使矢野文雄向清政府提出建议：

> 日本政府拟与中国倍敦友谊，知悉中国需才孔急，倘选派学生出洋习业，我国自应支其经费……人数约以二百人为限。

清政府积极回应了这一提议，并将派遣留学赴日作为国策确立：

> 同文馆东文学生，酌派数人；并咨行南北洋大臣以及两广闽浙各督抚，就现设学堂中，遴选年幼颖悟、粗通东文诸生，

---

① 这13人是唐宝锷、朱忠光、胡宗瀛、戢翼翚、吕烈辉、吕烈煌、冯言谟、金维新、刘麟、韩寿南、李清澄、王某、赵某。经过3年的学习，13名留学生中有7人被授予主修日语专业、辅修化学、物理、数学等的毕业证书。

开具衔名，咨报臣衙门知照日本使臣，陆续派往，即由出使日本大臣就近照料，无庸另派监督。各生应支薪水用项，由臣衙门核定数目，提拨专款，汇交出使大臣随时支发。①

1898 年，戊戌变法失败后，康有为、梁启超逃亡日本，其门人弟子亦纷纷到日本，这些人后来大都成为留日学生。1899 年，孙中山也从欧洲抵达日本。这之后，清朝留学生的数量急剧增加，1899 年超过 200 名，1902 年为 400—500 名，1903 年为 1000 名，1905 年达到 8000 名。②

这一时期，日本专门为接收清朝留学生而设立了大量的教育机构，主要有成城学校、日华学堂、东亚商业学校、东京同文书院、弘文学院、振武学校、东斌学堂、法政大学、明治大学经纬学堂、早稻田大学清国留学生部、东洋大学警官速成科、实践女子学校、成女学校等。

此外，中日师生还编纂了《东语正规》《汉译日本文典》《东亚普通读本》《日本语教科书》《汉译日本语文法》等五十余部日语学习参考书。其中，《东语正规》（1900 年，由留学生唐宝锷、戢翼翚编写）是第一部由中国人科学地研究日语的书籍，在中国日语教育史上具有划时代意义，与在此之前的中国人编写的日语教材仅仅收录日语单词和日常用语相比，该书详细讲解了日语的语音和语法，对日语的品词进行了细致的划分，标志着中国人的日语学习开始逐渐走向科学和系统。③

在日本接收中国留学生的同时，一些日本教师也应邀来中国讲学，并创办学校。这些日本教师在中国被称为"日本教习"。日本教习分为两类：一类是在中国开办学校，投身于中国教育事业；另一类是在中国

---

① [日]实藤惠秀：《中国人留学日本史》，谭汝谦、林启彦译，北京大学出版社，2012 年，第 18—19 页。
② [日]实藤惠秀：《中国人留学日本史》，谭汝谦、林启彦译，北京大学出版社，2012 年，第 1 页。
③ 鲜明：《〈东语正规〉在中国日语教育史上的意义》，《日语学习与研究》，2011 年第 6 期。

人开办的学校应聘，有一定的任教期限。

日本人开办的学校主要有杭州的日文学堂（1898 年）、泉州的彰化学堂（1899 年）、天津的东文学堂（1899 年）、厦门的东亚学院（1900年）、南京的同文书院（1900 年）、南京的本愿寺东文学堂（1901 年左右）、北京的东文学社（1901 年）和上海的留学高等预备学堂（1905 年）等。这些学校除了教授日语之外，亦开设普通学科，而且也分普通科和速成科，修业年限也大致与日本专为留日学生而设的学校相同。

1900 年以后，中国学校招聘日本教习渐成风尚，到中国应聘日本教习人数，最多时达到 600 名左右。[①] 这些日本教习之中，不乏知名人士，例如东京大学教授服部宇之吉和冈田朝太郎，京都大学教授岩谷孙藏、织田万和矢野仁一，名作家二叶亭四迷（长谷川辰之助），其后编纂《井上中国语辞典》的井上翠，东洋史大家藤田丰八，中国研究者西山荣久和神田正雄等。1907 年以后，由于大量留日学生归国，以及西洋人在华发展教育事业等因素，日本在华教习人数逐渐减少。

明治维新使日本成功走上了发展资本主义的道路，并在国际舞台上崭露头角。中国的改革派主张向日本学习，并通过日本向西方学习，于是逐渐形成了学习日语、向日本学习、留学日本的第一次高潮。同时，日本也抱着"以酬往昔师导之恩义"的心情，向中国留学生传授西方的技艺。于是，日语也就发挥了向中国传播西方文化和日本文化的功能。

第二节 殖民地日语教育的强制推行

以非日语母语的人为对象进行日语教育，并将此作为国家事业进行的真正意义上的日语教育始于 1895 年，日本在中国台湾的日语教育。

---

① ［日］实藤惠秀：《中国人留学日本史》，谭汝谦、林启彦译，北京大学出版社，2012 年，第 56 页。

从 1895 年到 1945 年期间，日本以亚洲霸权为目的，在朝鲜半岛、中国、东南亚等殖民地将日语作为"国语"进行推广。这一时期的日语教育是在侵略政策下的强制教育，因此可以称之为具有侵略性的日语推广时代。

一、日本在中国台湾地区强制推行的日语教育

1895 年 4 月，日本在甲午战争中战胜中国，迫使清政府签订《马关条约》，赔款 2.3 亿两库平银并割让中国台湾。同年 6 月，日本占领中国台湾，至 1945 年 8 月日本战败投降，其对中国台湾的统治长达半个世纪。日本统治中国台湾期间，为了达到永久统治的目的，把中国台湾人同化为日本人，不惜采用各种方式对中国台湾人民洗脑，强制推行日语教育便是其重要手段之一。

（一）日本在台推行日语教育的体制和政策

日本于 1895 年 6 月占领中国台湾后，桦山资纪首任台湾总督。日本政府在《关于赴任之际政治大纲的训令》中，明文规定了在中国台湾实行殖民统治的大政方针，即中国台湾作为日本的"新版图"，亟待沐浴"皇化"，因此要通过文化教育，泯灭中国台湾人民的民族意识和国家观念，使之心甘情愿做日本殖民统治者的顺民和奴仆。[1]

1. 日语教育体制的建立

日本在中国台湾实施殖民教育主要以强制推行日语教育、大量输入日本文化为主要手段，将推行日语作为文化侵略的桥梁。在中国台湾开启日语教育的核心创始人是伊泽修二。1895 年，伊泽出任台湾总督府学务部代理部长，率领 6 名教师来到中国台湾，在台北郊外的芝山岩以"国语"教育[2]为名，开始了日语教育，迈出了日本在中国台湾推广日语的第一步。台湾总督府民政官后藤新平在 1896 年 12 月的讲话中说："本

---

① 齐红深主编：《日本侵华教育史》，人民教育出版社，2004 年，第 51 页。
② 台湾总督府首任学务部长伊泽修二在提交给民政局的《学务部施设事业意见书》中，建议设立"国语"传习所，此后"国语"成为"日本语"的代名词。

岛统治之根基，在'国语'之普及与国民性之涵养；故加速实施初等义务教育制度，强迫入学，从根本上施以同化最为紧要。"① 日本推行日语的目的是加强殖民统治，废除闽南语，通过与日本人接触，同化中国台湾人民，培养所谓"国民"性格，使其忘却故国。为了达到这一目的，日本占领中国台湾后很快建立了一套日语教育体制。

第一，废除了清代的教育机构。清代台湾的教育较为普及，全台设有府、县、厅儒学 13 所，常设书院 30 所，各街、庄、里、社多设有社学、义学和民学，其中为数众多的义学，主要接收贫困家庭子弟免费入学。日本占领中国台湾后，废除了府、县、厅开设的儒学、书院、社学和义学，并对各街、庄、里、社的民学实行限制，直至最后废止。

第二，在台湾总督府下设立教育行政机关学务部，并在地方县、厅设庶务课，形成了严密的教育行政体系。学务部是台湾最高教育行政机关，下分教务、编纂两课，主管学堂筹建和各种日语会话手册及日语教科书的编辑出版等工作。1896 年 4 月，台湾殖民当局制定《民政局学务部处务细则》，在教务课下分设学务挂、庶务挂、会计挂；在编纂课下分设编书挂、刊行挂，形成了较为严密的教育行政体系。由于殖民统治的不稳定和政策多变，日本占领中国台湾期间教育行政机构变动频繁，前后变更达 21 次之多。

第三，反复修订总督府教育行政机关的办事规程，以及各下属部门的职责和办事细则，形成了较为健全的规章制度。如 1896 年制定《学务部处务细则》，1899 年制定《学务课事务分掌规程》，1911 年制定《学务部处务规程》，1917 年修正《学务部处务规程》，1927 年制定《文教局处务规程》，1929 年修正《文教局处务规程》等。

第四，建立了以《教育敕语》为核心内容的思想教育体制。《教育

① 武强：《日本侵华时期殖民教育政策》，辽宁教育出版社，1994 年版，第 11 页。

敕语》，是日本天皇关于教育的圣旨。1890 年，明治天皇颁布《有关教育的敕语》（后简称《教育敕语》），并将《教育敕语》与"御照"、三大节日仪式、"国歌"、修身课等组合成一个系列。殖民当局还要求各级学校分别制定《贯彻教育敕语精神案》《对敕语奉安所应遵守的礼法规定》等实施细则，旨在把师生束缚在"忠君爱国""报答皇恩"的精神桎梏之下，自觉的为"帝国的强盛"和侵略战争服务。

2. 日语教育政策的演变

日本统治中国台湾的初期（1895—1918 年），由于中国台湾人民的反抗和抵制，"渐进主义"成为"国语"教育的基本指针。1895 年 10 月，伊泽修二向首任台湾总督桦山资纪呈送了"新领地台湾之教育方针"，认为殖民地教育就是输出国家教育，而同化政策的核心就是日语教育。[①] 这一建议得到认可，占领中国台湾初期的殖民教育基本是按照伊泽的思路进行的。

1898 年，第四任总督儿玉源太郎提出，中国台湾的教育要采取"渐进主义"，速度不可太急，范围也不可过宽，若此中国台湾人才能长期处于愚昧状态。总督府民政官后藤新平的看法则是教育"无方针主义"，认为"教育只需讨论如何普及日语即可"。在这一方针下，中国台湾教育普及的进度放缓，大多数中国台湾人失去了接受教育的机会，一小部分人即使进了学校，也只能是学习日语并接受"同化教育"。

这一时期实行日、汉、"番人"三轨教育体制，即不同身份的人分别进入特定的学校就读，实施"差别教育"，意在压低中国台湾人民的学业程度，扼杀其学习文化科学知识的权利。具体情况是，日本儿童在六年制的小学就读，汉人子弟大多只能进四年制的公学校，"番人"即少数民族儿童只能在三至四年制的"番人公学校"或"番人教育所"学习。对于

---

① ［日］关正昭：《日本语教育史研究序说》，3A 网络出版，2008 年版，第 8 页。

这种典型的"差别教育",日本学者山川均指出:"中国台湾的学校从上到下都是按照中国台湾人和日本人的'民族线'明确划分的,日本人学校与中国台湾人学校相比,中国台湾人学校的程度很低。与住在中国台湾的日本人相比,中国台湾人只接受'贱价的教育'是不争的事实。"①

日本统治中国台湾的中期(1919—1936年),推行所谓"内地延长主义"的"内台共学"政策。一战后,民族自决浪潮激发了中国台湾人民的反日情绪,一些先进知识分子发出了教育平等的呼吁。迫于舆论压力,日本决定"改采文官本位主义,教育采彼我同一方针"②,开始实行"内地延长主义"政策。采用这一政策的依据是,中国台湾经过二十余年的殖民统治,业已实现部分"同化",改变"差别教育"的条件初步具备,因此可以不再区分中国台湾人或日本人的"内台共学"。"内地延长主义"不过是"同化主义"的新提法,其"同化"中国台湾人民、培养"顺民"的目的丝毫未变。

这一时期的教育政策主要是通过两个《台湾教育令》体现的。1919年的《台湾教育令》建立了中国台湾人的统一学制。学校的增设,增加了中国台湾儿童的入学机会,但是依然无法满足中国台湾人民的实际受教育需求,许多家境较好但无法上学的孩子不得不到日本或祖国大陆上学。1922年2月6日,台湾殖民当局颁布新的《台湾教育令》,规定日本人和中国台湾人均可在同一学制下接受教育。尽管如此,差别教育现象依然无法从根本上改变,享受大、中等教育的主要还是在中国台湾的日本人。《台湾教育令》的本质"是确保日本人的支配地位",维持其对中国台湾的殖民统治。③

---

① [日]山川均:《日本帝国主义铁蹄下的台湾》,蕉农译,载王晓波编:《台湾的殖民地伤痕》,台北帕米尔书店,1985年版,第75—77页。
② 吴密察:《台湾近代史研究》,台北稻乡出版社,1990年版,第166页。
③ [日]矢内原忠雄著:《日本帝国主义下之台湾》,周宪文译,台北帕米尔书店,1985年版,第153页。

日本统治中国台湾的末期（1937—1945年），疯狂推行"皇民化教育"。1937年，全面侵华战争开始后，日本举国掀起国民精神总动员运动，台湾总督府也设立了"国民精神总动员本部"，发起"皇民奉公运动"。台湾总督府公然宣称："台湾的教育方针就是在培养皇民和强化国民精神。"[1]台湾总督小林跻造强调，要在中国台湾"设法贯彻皇国精神，振兴普通教育，匡励语言风俗，培养成为忠良帝国臣民的素质"[2]。为了贯彻"皇民化精神"，总督府不仅再次修改《台湾教育令》，发布《国民教育令》，而且制定了《台湾公立国民学校细则》《决战教育措施纲要》《战时教育令施行规则》。在日语教育方面，强力推行日语"常用运动"，在全岛普及日语，确定日语家庭，同时处罚不讲日语的学生。"皇民化教育"使中国台湾人民经历了痛苦的文化洗脑过程，中国台湾传统文化惨遭破坏。

（二）日本在台推行日语教育的方式和手段

日本殖民当局在中国台湾地区推行的日语教育，覆盖面广泛，其采用的方式和手段主要包括以下方面。

1. 建立各类公立日语学校

1896年3月31日，台湾总督府公布《台湾总督府直辖诸学校官制》，决定成立直属总督府的台北"国语"学校以及各地"国语"传习所。4月9日，宣布"国语"学校设在台北，另设三所附属学校。"国语"学校为初等教育机构，办校宗旨是为中国台湾人学日语、日本人学闽南语及培养日语教师，后来发展为拥有语学部、师范部、讲习科、实业部、中学部及附属学校的综合教育机构。

殖民当局认为，在中国台湾普及日语，首先要培养足够的日语师资。因此"国语"学校成立后，最早开办的就是讲习科。讲习科是短期培训

---

① 李园会：《日据时期台湾师范教育制度》，台北南天书局，1997年版，第272页。
② 许极墩：《台湾近代发展史》，台北前卫出版社，1996年，第424页。

日语教员的机构，1896年至1901年共举办7届，毕业264人。①讲习科学员全部在日本本土招收，具有小学教员资格的在职教师经过两次笔试和一次口试后方可录取。毕业生多数被分配到各地"国语"传习所和公学校任教，成为中国台湾地区首批日语教育力量。

从1896年起，殖民当局先后在台北、淡水、基隆等14个城市设立初级日语学校"国语"传习所。1896年6月22日发布的《台湾总督府"国语"传习所规则》明文规定："国语"传习所的宗旨是向台湾人传授"国语"，资其日常生活，以养成日本的国民精神……本传习所以教授"国语"为宗旨，重在道德教育及智力开发。道德教育是教育学生尊敬皇室，热爱国家，重人伦，养成本国国民精神；智力开发是培养生存立业所需的知识技能。②显然，殖民当局的目的不只是传授日语，更重要的目的是通过日语教育同化中国台湾人民，使其换语换心，成为新的"日本人"。

日本占领中国台湾初期，"国语"传习所直属于总督府，经费由总督府支付。随着时间的推移，"国语"传习所暴露出许多局限性，无法满足殖民统治的需要。为此，殖民当局于1898年公布"台湾公学校令"，设立小学校专收日本儿童入学，各地"国语"传习所改为招收中国台湾儿童入学的"公学校"，设立招收少数民族儿童入学的"番童教育所"和"番人公学校"。③公学校教职员薪水及旅费由总督府承担，其他经费主要由民众负担，由所在街、庄、社负责征收。学生入学需交纳学费，但家庭贫困者可免除学费，一家有两人入学的可以减免学费。

2. 建立各类推广日语的机构

从1929年开始，为了让所有中国台湾人接受日语普及教育，殖民当局在全岛开设大量"国语"讲习所、简易"国语"讲习所、幼儿"国语"

① 庄明水：《日本侵华教育全史》（第四卷），人民教育出版社，2005年，第144页。
② 台湾教育会编：《台湾教育沿革志》，台北小塚本店印刷工场，1939年，青史出版社，1982年重印，第169页。
③ 黄新宪：《台湾教育：从日据到光复》，上海人民出版社，2012年，第59页。

讲习所、特设"国语"讲习所等教育设施。

"国语"讲习所是一种简易国民教育设施，主要对未入学的青少年进行日语教育。上课时间一般在晚上，修业年限以2—3年居多。在教学要求除了学习日语外，还进行德育教育，传授实用知识技能。在台湾殖民当局的组织下，"国语"讲习所遍布全台，达到一"部落"一所的规模。

简易"国语"讲习所以中、老年人为对象，以近邻10至20户为一班，以"部落"集会所或民房为上课地点，在农闲或晚上进行日语教育，学习期限一般为3至6个月。据1935年统计，当时全台共有简易"国语"讲习所754所，教师1423人，已毕业人数为35634人，"在学"学生31378人，出席率高达86.82%。[①]

幼儿"国语"讲习所的授课对象是学前幼儿，以训练日语口语为主。上课地点一般在"国民学校"或"部落"集会所，每个讲习所约20至50人，学习期限每年100天，200学时以上。到1942年，全台有幼儿"国语"讲习所1797所。[②]

特设"国语"讲习所附属于"国民学校"，以受学校规模限制未能就学的6至12岁学龄儿童为对象，讲授类似于"国民学校"的教学科目，学习期限为3年。1942年，中国台湾地区共有特设"国语"讲习所778所，教师1330人学生52614人。[③]

此外，1941年，台湾殖民当局还指定3所"国语"讲习所为特别指导"国语"讲习所，进行日语教学的示范，以制定和调整教育对策，推

---

① 台湾省文献委员会编：《重修台湾省通志》卷六，文教志社会教育篇，1993年，第249—250页。
② 台湾省文献委员会编：《重修台湾省通志》卷六，文教志社会教育篇，1993年，第249—250页。
③ 台湾省文献委员会编：《重修台湾省通志》卷六，文教志社会教育篇，1993年，第249—250页。

进日语普及。

3. 其他日语推广方式

为了普及日语，殖民当局可谓挖空心思。1914年，台中率先在辖区内普设"国语"夜学会，吸收不善日语的中国台湾人入会，每期3个月，每晚授课一个半小时。教学内容以日语为主，结合学习日常礼节。在台中的影响下，其他各地相继设立五花八门的日语学习组织，如"国语"练习会、"国语"普及会、"国语"研究夜学会、"国语"练习所等。同时，全台各地的社会团体，如升新会、妇人会、同风会、矫风会、自修会、青年会等，也都积极推行日语的讲习，每期一年至数年不等。

为使日语普及到每个家庭成员，殖民当局还建立了"国语"常用家庭制度。"国语"常用家庭的认定标准是，必须全家说日语，并以日语养育子女，家庭生活充满"皇民化"的氛围。一旦被认定为"国语"常用家庭，便可获得各种优待，如进入中、小学学习、公务员录用、就业选择、赴日考查、物质分配等。据统计，1942年认定"国语"常用家庭9604户，共77579人。[①]

4. 推广日语教育的"激励"措施

为了普及日语教育，"调动"中国台湾人学习日语的热情，日本殖民当局还采用了各种"激励"措施。

一是精神"激励"。为了诱导中国台湾人到日本开办的公立学校学习，殖民当局竭力与地方士绅拉关系，套友谊，希望他们把子女送入公立学校，并成为殖民当局的代言人和公立学校的宣传员。再就是通过各种途径宣传公立学校的先进教学方法，诱使中国台湾人子弟入学。例如，苗栗"国语"传习所开学之日，本田教授当众作酸性色素变化的试验，石蕊试纸一会儿变红，一会儿变蓝，继而放映幻灯片，观众无不惊叹。宜

---

① 台湾省文献委员会编：《重修台湾省通志》卷六，文教志社会教育篇，1993年，第270页。

兰"国语"传习所的学生时常列队唱着歌外出,私塾里学生的心已经被"新式教育"的歌声勾走。①

二是物质"激励"。公立学校的学生生病时,能够得到医药和治疗,有妻室的学生可以得到伙食费及零用钱补助,贫困学生的家庭可以减免租税,"国语"传习所毕业生择业时也有优势,公务员、职员、文员等较为优越的岗位是对其开发的。

除此之外,殖民当局举办的"全岛'国语'演讲比赛",以及各地组织的各类日语普及奖励活动,也是一种"精神"和"物质"激励并举的措施。

（三）日本在台推行日语教育的教学内容

日本殖民当局在台推行的日语教育,教学内容除了日语外,日本社会文化、"忠君爱国"的德育教育也是其主要内容,其目的就是要培养既懂日语又效忠于日本的"皇民"。

1. 日语教学

日本在中国台湾地区推行的日语教育,是根据不同的教育对象做出具体安排的。初级日语学校"国语"传习所的教学内容,以"国语"、阅读作文和汉文为主。使用的主要教材为日本文部省编辑局编《日本语教科书》《新日本语言集》《小学读写教科书》《小学阅读作文挂图》《小学阅读》等。此外,总督府学务部还组织编写了若干适用于台湾地区的教科书和教师教学参考书,如《台湾适用"国语"读本初步》《教育敕语的解释汉译》《小学校读本教授书的土语对译》《小学读本教授指针》《小学读本作文挂图教授指针》《日本语法及文法教授书》《台湾十五音及字母表附八声符号》《"国语"教科参考书》等,其中 1896 年 11 月出版的《台湾适用"国语"读本初步》,是第一本由台湾总督府编纂的日语教科书,该读本内文分上下两栏,上为日文,下为闽南语翻译。

---

① 汪知亭:《台湾教育史料新编》,台湾商务印书馆,1978 年,第 41—42 页。

对于各科教学也有具体要求,如对阅读作文课的要求是:"在教授'国语'的同时,使学生掌握文字、词句、文章的阅读方法、连缀方法及其意义,熟练运用恰当字句表达自己的思想,解释他人的文章。阅读作文之外,要引导学生了解国情及古今形势,以及同海外各国的关系;了解自然现象、自然规律,告知学生人类要在世间生存所必需遵守的规矩。"①

2. 社会课教学

殖民当局制定的《台湾总督府"国语"讲习所规则》第一条规定:"'国语'讲习所,系对未常用'国语'而又未受正规学校教育者,授予'国语',施以德育,启发其生活上所必需之知能,以提高其为国民之资质为目的。"②据此,"国语"讲习所的主修教学科目是日语,只要达到熟练日语会话、养成日语说话的习惯即可。辅修科目为修身、礼节、算术、歌唱、体操、游戏、裁缝等,目的是养成"和亲待人的情操",掌握对实际生活有直接助益的知识技能。辅修课程的安排和课时数无硬性规定,是根据教师的判断决定。

3. 修身课教学

日本发动太平洋战争以后,台湾殖民当局开展了"皇民化运动",教育被纳入"战时体制"。1942年,台湾殖民当局公布《"国语"讲习所教育之刷新强化要纲》,宣布"应当前局势需要,自1943度起的四年计划中,对本岛未受教育的青少年普施基本"国民"生活教育,务使其实践生活直接服从于增强战力,以期在特殊情况下将台湾纳入总体战架构"③。

在此期间,经过调整的"国语"讲习所开设的科目有"国民"科及教练科,女子另加家庭科。"国民"科设置修身、"国语"、算数、歌唱四门课,其课程安排如表1.1:

---

① 台湾教育会编:《台湾教育沿革志》,台北小塚本店印刷工场,1939年,青史出版社,1982年重印,第171页。
② 台湾省文献委员会编:《重修台湾省通志》卷六,文教志社会教育篇,1993年,第247页。
③ 台湾省文献委员会编:《重修台湾省通志》卷六,文教志社会教育篇,1993年,第265页。

表1.1 1943年"国语"讲习所课程和时数安排表

时数\科目 年度	"国民"科				教练科		家庭科（女）	计
	修身	"国语"	算数	歌唱	男	女		
一	30	150	40	30	50	20	30	350
二	30	120	40	30	80	20	60	380

注：除上列时数外，视地方情况，得随时课以集体劳动训练。
资料来源：庄明水：《日本侵华教育全史》（第四卷），人民教育出版社，2005年，第167页。

根据要纲，"国民"科的教育宗旨是"阐明'国体'精华，修炼实践实践上能够顺应时局的'国民'生活所必需的基本知识与技能"，修身课的宗旨则是"奉教育敕语旨意，阐明实践臣道的真义，坚持皇国臣民的节操"。殖民当局强调："'国民'教育以修身科为中心，其他学科归服之，此系近世教育诸大家所倡导，于本岛教育尤为必要。"[1] 殖民当局极为重视修身教材的编撰，先后在台使用的三修身教科书是《公学校修身书》《公学校修身书（修订版）》《初等科修身》，其中的《公益》《公民义务》《明治天皇》《靖国神社》《忠义》等课文，不遗余力地宣扬了"臣民之道""忠君""爱国"敬神等内容。

（四）日本在台推行日语教育的效果

与二战期间日本占领的新殖民地不同，中国台湾是被日本视为永久吞并的新领地经营的，因此，其在中国台湾地区推行的日语教育，原本是出于同化中国台湾人的基本国策。那么其长达半个世纪推行日语教育的效果如何呢？

1. 日语普及率

日本殖民当局统治中国台湾期间曾作过多次"国势调查"，如表

---

[1] 周婉窈：《失落的道德世界——日本殖民统治时期台湾公学校修身教育之研究》，台湾研究院台湾史研究所筹备处：《台湾史研究》，2001年第8卷第2期，第10页。

1.2 和表 1.3 所示，1942 年中国台湾地区熟悉日语的人占人口总数的 54.18%。但是这些统计数字有明显的夸大成分，因为殖民当局是把各种短期日语培训班，包括各街、庄、"部落"的"国语"讲习所、简易"国语"讲习所、幼儿"国语"讲习所、特设"国语"讲习所的男女老少一齐计入的。这些讲习所一般都在夜间或农闲上课，许多人只上两三个月，每天两学时，且两学时中还要上修身课，接受政治训话。为了活跃气氛，还要唱歌、跳舞，交流学习日语经验，实际学日语时间只有一个多学时。对中国台湾人来说，日语是外国语，在两三个月内学会这门外语，是根本不可能的。[①] 正如一位日本人所说："持续四十年的'国语'普及事业徒具虚表，实效不高。也许只能说是学校的'国语'，日本人的'国语'，国语演习会的'国语'，广播节目《'国语'普及之夜》的'国语'，商用的'国语'等。因为教师都不甚热心，故学生只在上课时用，一出教室便只使用闽南语，所以成效不彰理所当然。"[②]

表 1.2 1932—1942 年中国台湾人了解"国语"状况统计表

项目 人数 年度	公学校教育所学生数	同左毕业者累计	"国语"普及设施学生数	同左修业者累计	合计	台湾地区总人口	了解"国语"者百分比
1932	291067	364386	42381	324537	1022371	4496870	22.73%
1934	359267	429018	98523	400366	1287174	4759197	27.04%
1936	418592	507461	150463	564487	1641003	4990138	32.99%
1938	527127	594241	317756	765157	2204281	5263389	41.87%
1940					2817903	5524990	51.00%
1942					3386038	6249468	54.18%

① 叶荣钟：《台湾人物群像》，台北帕米尔书店，1985 年，第 258 页。
② 南岳生：《"国语"的普及与本岛统治的"国策"》，《台湾自治评论》1991 年第 1 卷第 1 号，第 42 页。

资料来源：根据台湾省文献委员会编：《重修台湾省通志》卷六，文教志社会教育篇，第 228—229 页绘制。

表 1.3 1942 年中国台湾人"国语"程度统计表

族别	人口	常用"国语"者	无碍普通会话者	仅通浅近会话者	合计	了解"国语"者比例
汉人	5676146	1114826	1090453	1091286	3296565	58.07%
平地山胞	63083	19465	12737	10883	43085	68.29%
山地山胞	96428	22995	15242	8151	46388	48.11%
计	5835657	1157286	1118432	1110320	3386038	58.02%

资料来源：根据台湾省文献委员会编：《重修台湾省通志》卷六，文教志社会教育篇，第 234—235 页自行制作。

2. 同化效果

日语在中国台湾地区的普及率虽然不高，并不意味日语教育完全没有效果。事实上，殖民者当局在占领中国台湾后期实施的"皇民化运动"，已经渗透到社会的每一个角落。[①] 日本占领中国台湾时期，确有少数人心甘情愿地当"皇民"，在"皇民奉公会"谋得一官半职，享受优惠待遇。他们对日本天皇崇拜有加，对日本政府感恩戴德。[②] 二战后有些中国台湾人甚至对自身的文化身份都感到迷惑，曾就文化归属问题展开过一场讨论。"皇民化运动"所造就的文化畸形儿，至今仍数典忘祖，宣称自己是日本人。[③]

尽管如此，日语教育始终受到中国台湾人民的抵制和反抗，绝大多数中国台湾人民没有被"同化"也是事实。深深扎根于中国台湾民众心中的悠久中国传统文化和汉语，形成了对日语和殖民文化的强大排斥力，

---

① [加]派翠西亚·鹤见：《日治时期台湾教育史》，林正芳译，宜兰仰山文教基金会，1999 年，第 135 页。
② 庄明水：《日本侵华教育全史》（第四卷），人民教育出版社，2005 年，第 478 页。
③ 张红梅：《日据时期台湾的语言教育》，《长江大学学报》（社会科学版），2011 年第 4 期。

这种排斥力不是靠殖民当局的几十年强制奴化教育所能改变的。中国台湾人士谢东闵指出："日本统治了台湾半个世纪，禁止读汉书，强迫进日语学校，说日本话，但是台湾人回到家里还是说福建话或客家话，偷偷请识汉文的前辈教读中国书，可见台湾同胞仍然是忠于国族，念念不忘祖国的。"[①]日本殖民当局妄图通过普及日语和传播日本文化等手段，控制在殖民地统治环境下成长起来的新一代中国台湾知识分子，然而新一代知识分子中却不乏民族运动的先锋，如蔡培火、蒋渭水、连温卿、黄玉斋、张深切、赖和等一大批知识分子，通过写作诗文、编写史书、创办报刊、经营书局、开展闽南语运动，保存和传播了祖国文化，成功抵制了日本的"同化政策"。

综上所述，日本统治中国台湾时期的日语教育，目的是通过普及日语和传授日本文化，从根本上废弃中国台湾的传统中华文化，泯灭中国台湾人民的民族意识，使中国台湾人民的"汉族性蜕变成为日本的民族性"，"台湾的外地性转化为内地性"，实现中国台湾人的心性同化，成为效忠日本天皇的臣民。

日本殖民当局的日语教育，是根据中国台湾本地的社情和日本对外战略的需要不断调整方针政策的，"糖果和皮鞭"作为日语普及的推进手段，可谓花样百出，费尽心机。这种"文化殖民"政策虽然未能取得预期效果，但也确实使很少一部分中国台湾人产生了浓厚的亲日情结，这些人以"皇民世家"为荣，忘却了祖宗，丢掉了中华传统文化之根，时至今日，这种扭曲的文化现象依然在台湾岛内余魂未散。

二、日本在朝鲜强制推行的日语教育

1905 年第二次《日韩保护协约》签订后，日本开始在朝鲜强制推行日语教育。直到 1945 年日本战败，日本对朝鲜进行了长达近四十年的

---

① 薛军力、徐鲁航：《台湾人民抗日斗争史》，北京燕山出版社，1997 年版，第 214 页。

殖民统治与殖民教育，不仅限制了朝鲜人民民族语言的自由，还破坏了其传统文化，并严重践踏了其民族性。

（一）推行日语教育的背景和方针

1905 年，日本强迫朝鲜政府签订了第二次日韩保护协约，使朝鲜成为日本的从属国，并干预朝鲜的教育。1906 年，日本政府在朝鲜设置统监府后，暗中操纵朝鲜政府公布了《普通学校令》《师范学校令》《外国语学校令》《高等学校令》，按照日本政府的"建议"实施教育的"近代化"（即殖民化）改造。在普通小学（相当于小学）、高等学校（相当于中学）开始了日语教育，并在师范学校和实业学校，将日语列为主要科目。

1910 年 8 月 22 日，日本政府迫使朝鲜政府签订了《日韩合并条约》，吞并朝鲜。此后，至 1945 年 8 月，日本政府在朝鲜半岛持续了三十余年的殖民统治。《日韩合并条约》签订后，日本帝国主义把统监府改为总督府，总督直属天皇，统帅驻朝鲜的日本陆海军，掌管朝鲜的立法、司法、行政等大权。

1911 年 8 月 24 日，总督府公布敕令《朝鲜教育令》，禁止使用朝鲜语，把日语定为"国语"，除许可设立极少的公立学校进行奴化教育外，对原有私立学校严加限制和裁减，并在朝鲜各级学校中禁止讲授朝鲜历史和地理，以消灭朝鲜人民的民族意识和爱国思想。该令第二条和第五条规定："将以天皇颁布的教育敕语之旨趣，育成忠良国民为本义；将普通知识技能的传授、特别是国民性格的培养、普及'国语'作为普通教育的根本目的。"[①] 与此同时，《普通学校校规》（1911 年 10 月）第七条第三项规定："'国语'是国民的精神寄托，并使国民得到知识技能，希望不管任何科目都能正确使用'国语'，充分发挥其作用。"根据《朝

---

① ［日］关正昭：《日本语教育史研究序说》，3A 网络出版，2008 年，第 20 页。

鲜教育令》，1915年3月24日公布的《私立学校规则》中要求"'国语'和思想品德课是必修课"。1918年2月21日公布的《书堂规则》规定要对"教授'国语'和算数进行奖励"。①

1919年，朝鲜爆发了民族独立运动——"三一运动"。总督府不得转换施政方针，重新制定教育政策。1922年2月4日，总督府公布修改《朝鲜教育令》。在"国语"教育上，基本上继承了从前的宗旨，"普通学校要培养国民性格，学习'国语'"。只是在教育上设定了"小学一直使用'国语'，普通学校不要求一直使用'国语'"一个划分。

根据新《朝鲜教育令》，1920年3月，总督府又修改了《私立学校规则》，规定普通学校"教学科目中不能缺少思想品德和'国语'"。1929年6月，在《书堂规则》修正中要求："'国语'、朝鲜语、算数的教学用书必须使用朝鲜总督府编纂的教科书。"

1938年以后，总督府为强调日朝一体、推动皇民化教育，再次修改《朝鲜教育令》。新令规定：

> 废除1922年朝鲜教育令的常用"国语"和不常用"国语"之分，废除普通学校、高等普通学校、女子高等普通学校的规程，使用和日本内地同样的小学校令、中学校令、高等女校令，全校的教学课程除朝鲜语以外全部一致，教科书除过渡期的一些以外全部共用。②

此外，日本殖民当局非常重视小学教育。小学校规规定：

> 应该尽力培养忠良的皇国臣民；我们期望能够学习"国语"并正确使用"国语"，应用自如，贯彻"国语"教育，应该致力于培养皇国臣民的性格；教学中应该使用"国语"；"国语"是普通的语言，使我们懂得日常须知的文学和文章中的知识，

---

① [日]木村宗男编：《讲座日本语和日本语教育（15）》，明治书院，1991年，第117—118页。
② [日]木村宗男编：《讲座日本语和日本语教育（15）》，明治书院，1991年，第119页。

培养我们正确表达思想的能力，同时坚定皇国臣民的自觉性，
启发学识和人格。①

1941 年 4 月，日本为掩盖其殖民教育本质，将小学的名称变更为与
日本内地一致的国民学校。日本在朝鲜实施教育的根本目的，是为了将
朝鲜人培养成"日本国民"，而并非为了促进朝鲜人自身的发展。② 日
本政府企图通过强制朝鲜人学习日语，奴化朝鲜人民。"培养忠良国民"
与"普及日语"成为日本在朝鲜殖民统治的一贯教育方针。

（二）推行日语教育的具体措施

1. 全面普及日语的学校教育

在"日韩合并"后，殖民当局取消了朝鲜语科目，将日语列为朝鲜
的"国语"，首先从学校教育开始推进。曾在中国台湾地区倡导直接教
授法而取得实绩的山口喜一郎在 1910 年"日韩合并"后也来到朝鲜推
广日语教育，并在《日语教授法原论》上这样写道：

普通学校、高等普通学校、各种实业学校、专业学校内，
所有朝鲜人子弟的教育都需要用我国国语进行。开始编纂新读
本的同时，以京城高等普通学校的附属学校为中心，全力倡导
直接教育法的实施，总督府学务局每年都要创办讲习会，致力
支持及督励该教育法并使其普及，要在普通学校的"国语"教
育上取得令人震惊的成绩。③

普通学校的"国语"教科书最初没有使用日本内地标注原始假名
的教科书，而是使用标注与近代假名发音方式接近的《普通学校用假
名标注法》《普通学校用送假名法》（1913 年 6 月制定）。之后，随
着时代的变迁，变更为"国民"学校制，从低年级开始就使用与日本

① [日] 木村宗男编：《讲座日本语和日本语教育（15）》，明治书院，1991 年，第 120 页。
② 臧佩红：《日本近现代教育史》，世界知识出版社，2013 年，第 147 页。
③ [日] 关正昭：《日本语教育史研究序说》，3A 网络出版，2008 年，第 21 页。

内地相同的原始假名标注。

殖民当局强行要求日语课程数量要远远多于其他科目，学校的日常生活用语也必须使用日语。从 1934 年开始，殖民当局还在偏远地区设立了公立普通学校的简易校区，以农村子女为对象，开展日语教育。

2. 皇民化教育下的强制使用日语

1937 年，随着中日战争的全面爆发，殖民当局要求不只是学校，全社会都要实行皇民化教育，强制使用日语。官厅和报纸广播也被强制将日语作为"国语"使用，并要求朝鲜总督府的朝鲜籍职员"在官厅必须全部使用'国语'，在家庭尽量增加使用'国语'的机会"，开展"'国语'常用全解运动"。同时，还在全国广泛开展'国语'讲习会，颁发大量教材，如表 1.4 所示：

表 1.4 "国语"讲习会的实施情况（1943 年 3 月末）

项目		数量
主办场所	总数	62389
	府、郡、邑、面	2657
	青年队	7257
	"国民"学校	2785
	村落	47450
	其他	2240
上课人员	总数	3219457
	男	1679795
	女	1559661
颁发教材	《"国语"书》	313301
	《"国语"》	2466992
	其他	198343

资料来源：［日］木村宗男编：《讲座日本语和日本语教育（15）》，明治书院，1991 年，第 122 页。

3. 将朝鲜人姓氏改为日式

1939 年，总督府为了推动皇民化运动，颁布"创世改名"法令，强制朝鲜人将姓氏改为日本式名字。其中，有姓"金"改作"金田"这样的，也有饱含悲愤与抵抗之意，将名字改做"犬粪仓卫"的人。朝鲜总督府强迫朝鲜人更改姓氏，是对朝鲜民族的不尊重与奴化。

4. 在朝鲜人军队中强化日语能力

随着太平洋战争的爆发，1944年，朝鲜也实行了征兵令，为了将朝鲜人混入到日本人军队中，更需要强化在军队生活中必备的"国语"能力。当时在大街小巷中都是"为了组成完美的军队，实行'国语'生活""一亿人的语言只有一个""日韩一体从'国语'开始""用'国语'走出大东亚"等标语，并对模范的"国语"常用者实行表彰政策。

（三）强制推行日语教育的效果

据朝鲜总督府的统计显示：截至1942年年底，"稍微了解（可日常会话）的朝鲜人有235.38万人，普通对话没有障碍的有273.54万人，共计508.92万人，相当于每1000人有199.4人了解'国语'"①。这不是针对每个人做调查而得出的结论，而是根据下级官厅的统计报告，加上为了炫耀实绩的数字，推定出来的结果。但总体上来看，通过几十年对朝鲜的奴化教育，在朝鲜人中掌握日语的人数概率还是相当高的，这也为日本侵略者同化朝鲜奠定了基础。由于强制实行"国语"全面解放运动，直到战争结束，会日语的人数大幅增加。日语教育为培养"忠良日本帝国的'国民'"起到了很大的作用。

但是限制其他民族使用他们的母语，强制使用侵略者的国语，这种政策并不能在全体朝鲜民众中实行。在表面上看日语普及了，即使让有骨气的民族强行使用他国语言，他们自己的语言也绝不会流失的。从下面的报道中可以看出，当时普及日语困难重重。

对于朝鲜儿童来说，突然进入一个完全陌生的语言环境中，造成的心理压力是极其严重的，不仅这些，指导者给予的语言过多转变时，孩子们会对学习感到应接不暇，最终变得讨厌"国

---

① ［日］木村宗男编：《讲座日本语和日本语教育（15）》，明治书院，1991年，第122页。

语"学习，导致得出了与预想相反的结果。即使是通过指导者的威力强制孩子学习，也不能作为生活语言被掌握。……家庭是语言生活的温床。然而，朝鲜的家庭中尚未达到"国语"常用的水平。可想而知，是朝鲜人在阻碍"国语"教育的发展。①

日本强迫朝鲜人民使用日语，妄想通过将他们的母语改成日语，从而使他们的民族精神也转变为皇国臣民。日本在朝鲜的殖民教育政策，使朝鲜人民置于不能自由使用自己固有民族语言的悲惨境地，破坏了朝鲜人民悠久的民族历史和传统文化、严重践踏了其民族性。

三、日本在中国大陆强制推行的日语教育

语言是民族属性的最重要最基本的特征，日本侵占中国东北、华北等地区后，为达到长期霸占与统治的目的，有计划地实施奴化教育，采取的主要手段之一就是强行大面积地推行日语教育。

（一）日本在伪满洲国的日语教育

伪满洲国期间，日本为巩固其统治，大力推行对东北人民的奴化教育。奴化教育的重心就是强制推广日语教育。日伪当局通过建立"新学制"、强制开设日语课、增加日本人教师、编纂教科书、实施日语检定考试、开设日语学校等手段，对伪满洲国进行了长达 14 年的殖民教育。

1. 在伪满推行日语教育的背景和方针

1905 年，日本在取得日俄战争胜利后，将势力伸向中国大陆，并在租界地"关东州"和"满铁"附属地区推行殖民教育。日本在"关东州"通过建立公学堂（相当于日本的小学）来推行日语教育，在"满铁"附属地区对小学三年级以上学生强制教授日语。为将中国东北地区变为日本的殖民地，1931 年日本发动九一八事变，扶持傀儡政权，建立伪满洲国。从 1932 年 3 月 1 日伪满洲国建立到 1945 年 8 月 15 日日本战败投降，

---

① ［日］关正昭：《日本语教育史研究序说》，3A 网络出版，2008 年，第 22—23 页。

日本在伪满对 4300 万中国人进行了长达 14 年之久的殖民教育。

日本在伪满的教育方针，是由关东军掌控的。1932 年 5 月 21 日，关东军在《对满蒙方案（第四次方案）》中提出：

> 必须彻底普及王道主义、民族协和的"建国"精神和日满融合之观念，倾注日本文化，排挤三民主义和共产主义，弹压赤化的侵略，教育应首先完成普通教育，高等教育要遵循实科主义，宣扬宗教自由，但必须肃清邪教。[1]

伪满政权建立之初，日伪统治者利用中国儒家的道德、礼教思想，提出以"王道主义"为伪满洲国的"立国"宗旨，即提出了一个所谓实行"王道主义"的教育方针。在 1934 年出版的《第一次"满洲帝国"文教年鉴》中，对当时伪满"以王道为施行教育方针"作了如下的阐述：

> 我满洲"建国"，既以王道为极则，则教育方针，亦应以是为正鹄。盖我国数千年来之旧道德、旧礼教，如日月丽天、江河行地，虽经久不变……且王道精神，尊重博爱，所谓民族观念、排外思想，务使根本铲除，不遗丝毫芥蒂，以期民族与国际间之协调，而树立人类相爱之基础……今我"国家"，以王道为施行教育之方针……以道德仁义培养国民之高尚品格，以劳作勤苦训练国民之生活能力，使内而重仁义、尚礼让，务实去伪，崇俭戒奢，外而亲仁善邻，无诈无虞，守国际信义，谋民族协和……则高尚优秀之"国民"既易于养成，而巩固坚定之"国势"亦易于树立。[2]

1936 年，伪文教部为了强调"建国"精神对于小学教育的重要，对小学发布了一个过渡性的教育方针，具体表述为：

> 基于"建国"精神，《回銮训民诏书》之趣旨，基调东洋道德，

---

[1] 武强：《日本侵华时期殖民教育政策》，辽宁教育出版社，1994 年，第 92 页。

[2] 曲铁华、梁清：《日本侵华教育全史》（第一卷），人民教育出版社，2011 年，第 92 页。

涵养其道德，依勤劳主义，以课实业科、作业科，以期养成勤劳爱好之精神，表现与友邦日本不可分之关系，日语课为正科，以期养成满洲第二国民之素质。[①]

1937 年 5 月 2 日，伪满政府正式发表教育方针，规定：

> 遵照"建国"精神及访日宣诏之趣旨，以咸使体会日满一德一心不可分之关系及民族协和之精神，阐明东方道德，尤致意于忠孝之大义，涵养旺盛之"国民"精神，陶冶德性，并置重于"国民"生活安定上所必需之实学，授予知识技能，更图保护增进身体之健康，养成忠良之"国民"为教育之方针。[②]

从上述史料中可以得出，日本在伪满的教育方针具有三个特点：一是日伪统治者利用中国旧有的封建意识形态，提出"王道主义"的教育方针。随着其深化统治，又演变为"皇道主义""神道主义"，但其根本目的都是推行殖民地奴化教育，同化中国东北地区的广大人民。二是日伪将基础教育的重点放在初等教育，极力从小学开始灌输奴化思想，并用实学教育代替真正的知识教育，其目的就是要培养掌握技术、效忠日本的"顺民"。三是强调日语教育，将日语列为学校的主科，强迫学生学习，目的是使青少年学会日本的语言，忠君亲日、老实驯服地听从日伪的指挥驱使。日伪殖民主义教育方针的实质就是奴化思想、降低文化水平、养成效忠日本的"亡国奴"。

2. 在伪满推行日语教育的具体措施

1932 年，伪满洲国成立后，在伪民政部内设伪文教司，后改为伪文教部。由于伪满政治基础尚未稳定，对于教育措施，主要还是沿袭中华民国时期的"6334"的旧学制。伪满洲国教育厅长会议要求中学的英语课一半改为日语。1935 年 12 月，伪文教部发布《关于小学校教科规程

① 曲铁华、梁清：《日本侵华教育全史》（第一卷），人民教育出版社，2011 年，第 93 页。
② 《学制纲要》，《盛京时报》，1937 年 5 月 2 日。

之件》，规定"日本语得由初级小学校第一学年教授之"①。由于日语师资不足，因而初级小学一般在第三学年开始上日语课，高级小学和初级中学均从第一学年起开设日语课。由于伪满洲国学校数量多分布广，教材与教师亦严重不足，全面实施日语教育还不能一蹴而就。

1937 年 3 月，伪文教部公布《关于在学校教育中彻底普及日语的方案》，提出"日语教师在教授日语时，不仅仅是教授语言，更要努力通过日语使之体会日本精神、了解风俗习惯，发扬日满一德一心之真意"。"教师及学生在学校、家庭生活中要严格使用日语"。②同时还规定"须利用各种机会，以引起日本语学习之兴趣；举办学生日本语演说、演艺等会；以学校为中心，举行一般民众日语讲习会；在满文上使用之学术名词，于可能范围内须与日文相符"③。1937 年 5 月，日本在伪满洲国公布"新学制"，从而建立起了一整套殖民教育体系。《学制要纲》规定："日语作为日满一德一心精神基础的'国语'之一应予以重视。"新学制的宗旨之一是使学生"体会日满一德一心不可分至关系及民族协和精神"，为此将日语列为"国语"，而不再允许讲授汉语。④为了推广日语教育，日伪当局采取了如下措施：

（1）强制开设日语课

1937 年 5 月颁布的《学校教育纲要》规定：任何学校都必须把日语列为必修的"国语"科之一，以便将来以日语为伪满洲国的共通语言。⑤因此，自 1938 年开始，各级各类学校普遍把日语列为必修课，而将原有的国文（中文）改称为"满语"。这就是说，"国语"中包括"满语"和"日

① 卢鸿德：《日本侵略东北教育史》，辽宁人民出版社，1995 年，第 60 页。
② [日] 木村宗男编：《讲座日本语和日本语教育（15）》，明治书院，1991 年，第 133 页。
③ 武强主编：《东北沦陷十四年教育史料》（第二辑），吉林教育出版社，1993 年，第 29—30 页。
④ 臧佩红：《日本近现代教育史》，世界知识出版社，2013 年，第 230 页。
⑤ 曲铁华、梁清：《日本侵华教育全史》（第一卷），人民教育出版社，2011 年，第 180—181 页。

语"，取消了中文。从小学开始，强迫学生学习日语，日语授课时数超过中国语文授课时数的 2 倍，[1]从而极大地降低了东北学生的汉语水平。

表 1.5 小学日语授课时数

	1 年级	2 年级	3 年级	4 年级
初小	6	6	7	8
高小	8	8		

资料来源：[日]关正昭：《日本语教育史研究序说》，3A 网络出版，2008 年，第 35 页。

日语教科书的内容大致包括三个方面：①会话、日常用语一类的课文。②日本民间故事一类课文，如"花笑爷""蒲岛太郎""猴子和螃蟹"等。③政治性明显的课文，如"国务总理和鸽子""建国大典""奉天会战""天长节""开拓青少年义勇队""亚细亚的协力""拜受国本奠定诏书""良民当兵"等内容，是伪满进行殖民教育的主要内容。[2]

此外，日伪当局还规定从 1941 年起，学校日常用语全部用日语。如背诵《国民训》《回銮训民诏书》，操练的口令，上学"问好"，放学"再见"，向教师请教，进教师办公室的问候等，都不允许说汉语。[3]同时，日伪当局还要求采用日文课本进行教学，或将一些教科书同时用日文和汉文对照排印。

（2）增加日本人教师

在教师方面，日语教师一直处于短缺状态。对这一点，《盛京时报》曾公开报道说：

> 教员数，现下尚不足万人，八千校之中，约占八成，即为

---

① 武强：《日本侵华时期殖民教育政策》，辽宁教育出版社，1994 年，第 106 页。
② 曲铁华、梁清：《日本侵华教育全史》（第一卷），人民教育出版社，2011 年，第 171—172 页。
③ 曲铁华、梁清：《日本侵华教育全史》（第一卷），人民教育出版社，2011 年，第 180—181 页。

六千四百校，一校仅有教员一人，在将来必行增员，并最低限度，一村须配置日本人教员一人，以图刷新增进教育。现在配置于奉天省内之日本人教员为一百六十人，于来年度将行增添四十人，又奉天市内，亦增添二三十人，并于来年一月，民生部将由日本内地采用日本教员三百人，此中七八十人，似将配置于奉天省，于配置日本人教员同时，并为增高教员素质，将于奉天召集省内中、小教员，屡开谢习会，以资深造教员。①

通过这段报道，可见日伪对日语教育的极端重视和险恶用心。到1943年伪满约有4000名中学教师，其中日本人约1000人，小学约有5万名教师，其中日本人约1000人。②

（3）编纂教科书

伪满洲国成立后，教科书暂时使用伪南满洲教育会教科书编辑部编纂的给"关东州"等使用的教材《初等日语读本》（全8卷）。1934年到1935年，伪文教部陆续编纂出版了的国定教科书《初级小学校日语教科书》（上、下）、《高级小学校日语教科书》（上、下）等。新学制颁布后，开始使用《初小日语国民读本》（全8卷）、《高小日语国民读本》（全2卷）。除了编纂教材外，日语教师还施行了"直接法""速成法"等教授方法。

（4）实施日语检定考试

1936年，伪满开始实行"日语检定制度"。第一回和第二回考试主要是以官吏为对象，第三回开始也面向一般市民。经考试合格者，分别给予"特等、一等、二等、三等"的资格，鼓励国民高等学校学生参加日语考试，合格者发给一定的"语学津贴"，毕业优先录用。因此，参加日语考试的人数急速增加，第一回（1936年）为3607人，第六回（1941

---

① 《省下教育刷新计划——一村一校主义》，《盛京时报》，1937年12月19日，吉林省图书馆影印本，第9970号，第495页。
② [日]福井优：《"满洲国"日语普及状况》，"国语"文化学会编：《外地大陆南方日语教授实践》，国语文化研究所，1943年，第183页。

年）达到 31369 人。①1938 年实施的官吏任用制度还规定官吏在任用前要接受选拔考试，考试者必须从汉语、日语、蒙古语、俄语中，选择自己母语以外的一种语言作为考试科目。日语基本上成为必考科目。

（5）开设日语学校

由于日语成为考核伪官吏、会社职员、教师的一项重要内容，因此伪满时期，大量日语学校、日语讲习所应运而生。这些学校名称不一，或称学堂、学校，或称书院、学院，或称传习所、讲习所。有私人开设的，也有伪组织开设的，主持学校者多为日本人。为"普及"日语，伪政权曾给这类学校很大资助。据伪奉天省 1938 年调查，该省所属奉天、辽阳、鞍山、营口、铁岭、抚顺等 18 个市县，就有 41 所。随着伪大学、各类养成所、"国民高等学校"毕业生的增多，到伪满晚期，这类公私立日语学校相应减少，但据 1942 年出版的《满洲年鉴》所载，当时"全国"尚有 150 余所。②

（二）日本在华北的日语教育

1. 在华北占领地推行日语教育的背景和方针

日本侵占东北，建立伪满政权之后，又不断向华北地区扩大侵略。1937 年 7 月 7 日，日军挑起卢沟桥事变，开始了全面侵华战争。随着日军对我国华北地区占领的不断扩大，华北地区的伪政权相继登场。为了使华北地区一亿多中国民众成为日本侵略者的俯首帖耳的"顺民"，日本政府非常重视利用自己一手扶植的伪政权来施行奴化教育，并始终围绕着"亲日""防共"这一核心政策来确定其教育方针。

1938 年初，伪华北临时政府教育部成立后，立即制定了"教育方针"。其主要内容为：

① [日]丸山林平和：《"满洲国"的日语》，《"国语"文化讲座》（第六卷），朝日新闻社，1942 年，第 134 页。
② 转引自曲铁华、梁清：《日本侵华教育全史》（第一卷），人民教育出版社，2011 年，第 302 页。

根绝党化及排外容共等思想；依据东亚民族集团之精神和中国传统之美德，以完成新中国之使命。①

1940 年，伪华北政府委员会教育总署又颁布了《各级学校实施训育方针》，规定：

尽力提倡我国固有之美德，以领导学生之思想趋于正轨，而为建设东亚新秩序之始基；根绝容共思想，以亲仁善邻之旨，谋东亚及全世界之和平；阐发修齐治平之道，以儒家精义为依归，摒弃外来之功利主义；注重人格之修养、品德之陶镕，宜使学生有以国士自许之志向，俾将来能以担负复兴东亚之重任。②

太平洋战争爆发后，在日本的操纵下，伪华北政权在其教育方针上更加强调排斥欧美文化的影响。如在 1942 年 3 月由伪华北教育总署召开的"华北教育会议"上，强调"教育指导方针应以协力东亚之建设为目的，彻底铲除英美文化之流弊，积极增进中日文化之交流"，并下令"英美私立学校一律封闭，日语学校通令整顿扩充"。③

华北对日伪而言是"复兴中国保卫东亚之重心"，因此在确定其"教育方针"的同时，伪华北政权还相应地制定出种种教育政策，颁行了种种教育法令，借以保证"教育方针"的贯彻和教育目标的实现。

在实施奴化教育、谋求"中日亲善"的同时，日本还将推广日语作为对华北人民进行深度殖民教育的重要工具。日伪一方面强行规定日语为各级学校的必修课程，一方面在华北各地大量开办日语学校来培养日语师资，同时还通过提倡奖励、实行检验等方式方法，强迫整个沦陷区内能识字读书的中国人学习日语。在日本的强行迫令下，日语教育有如瘟疫一样，在整个华北沦陷区蔓延开来。

---

① 余子侠、宋恩荣：《日本侵华教育全史》（第二卷），人民教育出版社，2011 年，第 218 页。
② 中国第二历史档案馆藏：《伪华北政委会教育总署施政方针（附：各级学校实施训育方针）》，伪华北教育总署档案，二○二一②/ 5。
③ 长松：《华北敌伪奴化教育一瞥》，《中央日报》，1944 年 9 月 18 日。

2. 在华北占领区推行日语教育的具体措施

（1）将日语列为必修课与入学考试科目

1938 年秋季学期开学之际，伪华北临时政府教育部以法令形式要求整个华北沦陷区的师范及中小学将日语列为必修课，并规定了日语课在学校教学中的应占课时数。同时，为了保证日语的教学质量，伪教育部还制定了中小学校、师范学校以及日语专科学校教学实况调查表，借以监督和促进各校的日语教学。此外，华北沦陷地区有关高校"恢复"招生和教学后，亦将日语"列为主要科目"。太平洋战争爆发后，为了"彻底普及日语教育"，伪教育总署规定高中及以上学校入学考试，必须"以日语为必试科目"，并要求伪北京大学及下属各专门学校，自 1943 年度起，无论"入学考试"和"入校后教学"，都将日语列入"必修科"，以此"树立日语之彻底教育方针"。①

（2）统一日语教材

伪华北政务委员会时期，为了规范小学的日语教学水平，华北伪教育行政还对日语教材进行了统一。如伪北京市教育局即于 1940 年 8 月初为统一日语教材，拟定了小学及初中各年级采用日语读本标准，到当月 27 日，又对高中日语课本标准进行了拟定，以此改变过去日语读本不一致、各级教学不衔接的状况。②

（3）开设各种专授日语的教学机构

日伪在华北沦陷区开设了名目繁多的专授日语的教学机构，包括各种日语短训班、普通日语补习班、职业日语补习班、公务员日语补习班、警长警士日语补习班、日语教员养成所、普及日语讲习所、平民日语学校、佛教青年日语学院等，以及一些教育机构、准教育机构、社会教育机构附设的日语学校。诸如《新民报》报社附设日语学校、觉生女中附设日

① 《北京各大学校入学考试科目设日本语》，《盛京时报》，1943 年 6 月 13 日。
② 《统一日语教材教局拟定读本标准》，《新民报》，1940 年 8 月 2 日。

语学校、伪北京市教育局附设日语学校、伪北京市新民教育馆附设日语学校、石家庄新民会附设日语商业夜学院等。

（4）举办各种日语讲习会

在日伪强行推行学习日语的方式方法中，最常见的就是举办各种类型的日语讲习会，诸如"中小学教员日语讲习会""官员日语讲习会""学校教职员日语讲习会"等。为了将整个华北沦陷区能识字念书之人全部纳入奴化教育的染缸中，日伪还通过种种奖惩形式和方法"刺激"民众，尤其是广大青少年主动地学习日文、日语，如举办各种类型的有奖测验会、学艺会等。1941 年，伪华北教育总署组织了"日本语文检定试验委员"，并于当年 6 月进行了第一次日本语文检定试验，对应试合格者"按照等级、种类分别给予合格证书"，并由各伪省市教育厅局公布、登载于公报和报呈伪教育总署"备案"和"奖励"。①

（三）日本在华东、华中、华南占领区推行的日语教育

1. 推行日语教育的背景和方针

卢沟桥事变后，日本侵略者很快将战火烧到中国的大部分地区，华北、华东、华中、华南等广大地区相继沦陷。为了加强其统治，日军决定扶植傀儡政权，先后建立了伪维新政府、汪伪国民政府等伪政权。伪政权为了配合日本对沦陷区的军事、政治侵略和经济掠夺，对中国民众实施了思想控制和奴化教育，制定了一系列殖民教育方针和政策。

1938 年 5 月，伪维新政府公布："维新政府之教育，以恢宏中国固有之道德文化，吸收世界之科学知识，养成理智精粹、体格健全之国民为宗旨。"②并于同年 8 月 15 日公布了教育宗旨实施方针。该方针旨在把当地民众培养成服从傀儡政权，拥护所谓"中日亲善"，并懂得基本

---

① 中国第二历史档案馆藏：《华北教育总署为拟具华北各省市举行日本语检定试验暂行办法等咨文》，伪华北教育总署档案，二〇二一 /691。
② 曹必宏、夏军、沈岚：《日本侵华教育全史》（第三卷），人民教育出版社，2011 年，第 86 页。

农业知识的顺民。

1940 年 3 月 30 日，汪伪国民政府建立后发表的《国民政府政纲》中第十条明确规定："以反共和平建国为教育方针，并提倡科学教育，扫除浮嚣空泛之学风。"①6 月 22 日，汪精卫在南京接见出席汪伪全国教育行政会议的代表时宣称：和平、反共、建国，为一切施政方针，亦即教育方针，教育界应谋青年心理之改进与改造，使青年的思想与行动，与"建设东亚新秩序意识吻合一致"②。1941 年 3 月汪精卫发表的《今后施政方针》，更明确指出要加强"亲日和平教育"。

太平洋战争爆发后，为配合"大东亚战争"，汪伪国民政府将包括教育在内的社会生活的各个方面都纳入战时轨道，其教育方针政策也是围绕着"完成战争之使命"而制定。1943 年 11 月 30 日，汪伪教育部制定并公布了《战时社会教育实施纲要》，强调社会教育的重心是要"加强民众参战意识"。

2. 推行日语教育的具体措施

（1）强迫民众尤其是中小学生学习日语

1940 年 7 月 6 日，侵华日军总司令部致函汪精卫，要求汪伪国民政府将日语列为中小学必修课，并通过日语是否被列为中小学必修课程，来衡量中日亲善的程度。为此，汪伪教育部于 1940 年 8 月拟定了《小学校日语课程调整原则及过渡办法》，提出"为兼筹并顾起见，拟在小学课程中，不列外国语，而于课程表中附加一条说明：'外国语以不授为原则，但于大都市区域，依实际需要，高年级得于正课外补授外国语（日语或英语）。至于初级中学以上，则列为必修科。'"③该办法实际上是加强了日语课程教学，不仅在原本没有开设的学校加授，日军还可以

---

① 《申报年鉴》，申报社，1944 年，第 941 页。
② 中央教育科学研究所编：《中国现代教育大事记》，教育科学出版社，1988 年，第 445 页。
③ 中国第二历史档案馆编：《中华民国史档案资料汇编》，第五辑第二编附录（上），江苏古籍出版社，1997 年，第 594 页。

根据需要，要求任何学校开设日语课。日语不仅被定为必修课，而且在课程分配上也多半居于首位。许多学校每周日语课多达 6 课时，甚至有些小学每周也安排 5 课时。

（2）关闭英美教会学校，废止英语

太平洋战争爆发后，日军宣布所有英美教会在华所办学校均为"敌产"，予以没收。不久，日军又将教会学校移交汪伪国民政府各级教育主管部门。为此，汪伪各级教育管理部门秉承日军的旨意，制定了"打击""改造"教会学校及对原教会学校教职员工、学生进行改造的各项方针政策和具体办法。如伪江苏省教育厅还确定了具体的实施方法："小学废止英语课目，中学英语课目每周时间，依照其他省立中学规定，切实纠正以英语为中心之传统，加聘日语教师，增授日语课目。"①

（3）设置各种日语培训机构

日寇在沦陷区开办大量日语学校，培养日语师资，并派大批日本寡妇到中国学校里来教授日语，在乡村的小学生也学日语。还在社会上设立了普通日语补习班、职业日语补习班、公务员补习班、警长警士日语补习班等。伪政府还派遣日籍教员到各校教授日语，并监督奴化教育的实施，这些日籍教员多半横行霸道，迫害教师，体罚学生，却享受所在学校的最高薪金。据统计，1941 年，日伪当局开设的各种日语培训机构多达四百余个，②其数量之多、分布之广，远远超出当时中国社会对外语的正常需求。汪伪统治时期，凡日占区中皆有日语培训机构的设立，日语教育已渗入华东、华中、华南各沦陷区的基础教育与社会教育之中。

（四）在中国占领区推行日语教育的效果

1. 日伪推行日语教育的目的是把日语作为同化中华民族的一种手

---

① 中国第二历史档案馆馆藏：《处理第三国系教会学校办法要纲》（1942 年 2 月 23 日），汪伪教育部档案，二〇七八/96。
② [日]关正昭：《日本语教育史研究序说》，3A 网络出版，2008 年，第 58 页。

段，妄图从潜移默化中泯灭中华民族的民族意识，增强他们的亲日情感，进而达到吞并中华民族的目的

　　语言是文化的根本。一种语言方式，就是一种思维定式；一种价值的、行为的，甚至是一种生活的方式。接受一种语言教育，往往很容易地就接受了其特定的文化传统、思想信仰和价值尺度的。[①] 日本的"国语同化论"者也早就深谙个中道理，他们把开展日语教育，作为在殖民地推行教育的"紧急事项"，认为"凡得国须得民，而得民须得人心，首先非得假借沟通彼此思想的语言工具之力不可"。[②] 推行语言霸权，废止被占领国家的民族语言，最终的目的就是彻底地征服被占领国的国民。

　　2.关于日伪推行日语教育的本质，日本学界存在"文化融合说"[③]"同化教育说"[④] 等企图美化、掩盖历史的说法

　　以东北为根据地占领整个中国，进而独霸亚洲既是国策，也是日语教育的本质所在。因此，日伪推行日语教育的本质是"奴化教育"。即"日本殖民统治者以麻痹被统治人民反抗斗志、抹杀民族精神、改变国家观念为目的的教育，是使丧失国家主权的人民服服帖帖接受殖民统治、学会做好'亡国奴'的教育"。[⑤]

　　3.日伪推行日语教育一定程度上毒害了当时青少年的思想，泯灭了其民族意识

　　据当时亲身经历殖民地奴化教育的亲历者证言："绝大多数学生按照殖民当局的教育宗旨、目的、要求接受奴化教育……学生羡慕日本，

---

① 谭振江：《护根》，《中华读书报》，2004 年 10 月 27 日。
② 台湾教育会编：《台湾教育沿革志》，台北小塚本店印刷工场，1939 年，第 165—166 页。
③ "文化融合说"强调伪满洲国是"共存共荣"的地方，"两国文化的融合是教育的基础"。
④ 实行向日本方面的同化教育，培养效忠日本天皇、为侵略扩张卖命的忠实臣民的教育，即皇民化教育。
⑤ 齐红深：《同化教育、皇民化教育与奴化教育——比较反映日本侵华殖民地教育性质概念的异同》，载王智新编著：《日本的殖民地教育——中国的观点》，日本社会评论社，2000 年，第 37、39、46 页。

亲日的思想逐渐加深，对中国却一无所知……从政治思想上看，我的脑海里装的是天照大神、乃木大将、东乡元帅、丰臣秀吉、广赖中佐等所谓日本'英雄'，是'大东亚圣战'的节节胜利（因为失败都被殖民当局掩盖起来），并为一些所谓的'大捷'而欢欣鼓舞。头脑里根本没有日本侵占中国东北、妄图吞并全中国的概念。由于奴化教育的封锁、愚弄和欺骗，我对中国基本上一无所知。"① 可见，日本的语言同化政策给中国人民、中华文化造成了严重的伤害。

日伪推行的殖民教育遭到中国人民的强烈抵制。中华民族是具有数千年文化传统的民族，历史上也曾经历苦难，但文化传统绵延不息，不可战胜。而对日本帝国主义的侵略，他们奋起反抗，浴血奋斗，终于取得了抗日战争的伟大胜利，日本的侵略，连同其推行的日语语言同化政策最终以失败告终。

四、日本在东南亚的日语教育

（一）日本在东南亚强制推行日语教育的背景和方针

日本在一战中占领了德属南太平洋诸群岛（塞班、帕劳、雅蒲、特鲁克、波纳佩等），又在二战中占领了菲律宾群岛、马来群岛、新加坡、爪哇、苏门答腊岛、婆罗洲等地，均随之展开了以同化占领区民众为目的殖民教育政策。

1. 一战以后在南洋群岛占领区推行的日语教育

日本对南洋群岛的占领分为三个时期：军政时代（1914—1918 年），民政时代（1918—1922 年），南洋厅施政时代（1922—1945 年）。

1915 年 12 月，日本制定《南洋群岛小学校规则》，设立四年制小学。总则第一条规定：小学要对本岛儿童进行德育教育、教授"国语"、注意身体发育，以教授普通知识技能与修身奉公为宗旨。教授科目包括修

---

① 齐红深主编：《抹杀不了的罪证——日本侵华教育口述史》，人民教育出版社，2005 年，第 119—120 页。

身、"国语"、日本历史、地理、算数、理科、手工、图画、唱歌、体操、农业（男子）、裁缝家务（女子），其中最重要的还是"国语"的学习。《小学校教则及学级编制相关文件》又对"国语教育"做了更为细致的规定："国语"是普通语言，教授日常须知的文字及文章，使其能自由应用，正确表达思想、启发德智，特别要以培养"国民"精神为宗旨。[①]日本政府以"国语教育"为中心推进了同化政策，在纪元节、天长节等节日让儿童聚在一起遥拜，唱日本国歌。不仅从日本派遣了部分教师，还让军人担当教师。

1918 年，民政部将南洋群岛防备队的军政厅改为民政署，并露骨地开始实施将岛民"皇民化"的方针。1918 年 6 月，民政署修改了《南洋群岛小学校规则》，新规总则第一条规定：岛民学校要以岛民儿童感受皇恩、教授"国语"、培养德育、教授生活必须之普通知识技能为宗旨。[②]在"国语教育"方面，根本方针和军政时代几乎相同，只是更加强调了正确发音、语言侧重点和口语教育。

1922 年，根据《凡尔赛条约》，日本在其委任统治的南洋群岛上设置了行政机构——南洋厅，并下设塞班、帕劳、雅蒲、特鲁克、波纳佩、马绍尔 6 个分厅。在改革行政机构的同时，也对教育制度进行了改革，将岛民学校改为南洋厅公学校。1922 年 4 月，《南洋厅公学校规则》总则第一条规定：公学校不仅要注意儿童身体发育，更要注重德育、改善提高生活所需的普通知识技能的教授，并以此为宗旨。[③]

《岛民学校规则》删掉了以往的"感受皇恩学习'国语'"的文句，但并不是说"国语教育""皇民化教育"的停滞倒退。在公学校中占总授课时数一半的还是"国语"，并且所有的课程都是用日语进行。

---

① [日]关正昭：《日本语教育史研究序说》，3A 网络出版，2008 年，第 26—27 页。
② [日]关正昭：《日本语教育史研究序说》，3A 网络出版，2008 年，第 27 页。
③ [日]关正昭：《日本语教育史研究序说》，3A 网络出版，2008 年，第 27 页。

2. 二战时期在东南亚各国推行的日语教育

日本在东南亚地区推行日语教育是由军方作为军事政治的一环来进行的。所谓的军事政治是指：由占领军对占领地区的治安和民生等各个方面进行全面统治。其目的是最大限度地利用当地资源，尤其是取得战争所需物资和人力，推进战争。但是根据占领地区的不同，历史、政治、经济情况、国民性、宗教、民意动向等均不相同，并且战况也根据地区不同有很大的变化。这之后，各个军方的军事政治实行方针也有所变化。因此，不能说南方各地区的日语教育是一致的。

日本军队的占领涉及了多个地区，急速扩张。自1941年12月8日太平洋战争爆发以来，日本先后占领了中国香港、菲律宾群岛、马来群岛、新加坡、爪哇、苏门答腊岛、婆罗洲等地。1942年5月1日攻略缅甸的曼德勒后，日本军方的南方作战宣布告一段落。军事政治与占领在各个地区逐步展开。

在菲律宾，日本军队占领菲律宾后，为了进行殖民教育，重新开放了学校，并要求所有学校将日语设定为必修课，每天必须进行1小时以上(小学为20分钟)的日语教学。当时的菲律宾没有可以教授日语的老师。因此，教育课暂停原计划：命令第一批26名日语老师于1943年1月到达菲律宾首先创办日语教员培训所。作为过渡期，要求军队先派遣天主教的修女，安排在马尼拉市内学校内。

在菲律宾马尼拉市，派遣教员们除了去市里的公立私立小学、高中、菲律宾大学等正规的学校教授日语，还在教员培训所、日语专业学校、官公吏训练所、官民联络所、警察训练所、市政府等地教授日语。菲律宾文部省的日语课还对编纂教辅读物进行了指导。当时，在马尼拉，出版了他加禄语、英语、西班牙语、汉语、日语的日报。除了日语的《马尼拉报纸》之外，都设有日语学习栏，另外还有《周刊日语》这样的面向学习者的刊物，派遣教员中有负责解说的，也有担任电台日语讲座的。

指导日语大会也是日语教员的工作之一。

日语教员驻扎在各个州的州厅所在地其他的都市里，一边自己教课，一边配合州视学官对管辖内学校的日语教授进行指导。即使是在地方，日语教员们也广泛活跃在日语大会的指导、日语检定考试的实行上。在此期间，日语教员人数共计 186 人。① 随着 1944 年 10 月 20 日，美军登陆莱特岛，日本战况急剧恶化，之前展开的日语教育也不得不停止。

在缅甸，缅甸与菲律宾相比，在历史、民族、宗教、固有文化、语言等方面有着显著的不同。在缅甸，最开始是宣抚班于 1942 年 6 月创办了仰光日语学校。由于军政监部的成立，宣抚班被解散，学校移至军政监部管辖，代替宣抚班成员担任老师的是 6 名有教育经验的部队派下来的士兵，他们工作至 11 月，派遣日语教员到达后回归部队。

被占领前的缅甸境内约有 7000 所学校，其中有 260 所学校是英语学校和英式土语学校。在占领初期的 1942 年 3 月下旬，参谋将校们强烈主张全面废除英语教育。对此，当时军政监部的政务科科长田上辰雄说："英语便于交流，敌视英语是不正确的，缅甸原来的学校可自由选择语言来学习，日语学校要两种语言一起学。"结果，通过饭田军司令官的决定，按照田上课长的提案，首先创办了仰光日语学校等 9 所学校。

缅甸原本就是独立国家，18 世纪是它的鼎盛时期。面对英国发动的 3 次殖民战争（1824—1886 年），最终缅甸被划为英属印度的一个州，开始了殖民化。从第一次世界大战开始，缅甸的民族运动、反英运动一直高涨。1937 年，英国将缅甸从印度中分离开，逐渐给予自治权。拥有这段历史的缅甸面对日本军队是很合作的。1943 年 8 月，缅甸宣告独立，并与日本结成了同盟条约。缅甸方也强烈要求创办日语学校，普通居民的对日态度也是友好的。在上述的仰光日语学校中，截至 1943 年 6 月，

① ［日］木村宗男编：《讲座日本语和日本语教育（15）》，明治书院，1991 年，第 148 页。

第一届毕业生达到了 3000 人。1943 年 7 月入学的第五届学生人数将近 1700 人，其中有 200 名僧人。① 缅甸的僧人几乎没有学习过英语，僧人来日语学校上课，给缅甸的民众带来相当大的影响。缅甸人热心于学习日语的原因还包括：日语和缅甸语语序完全一致，相比英语更容易学习，而且学费便宜；仰光日语学校聚集了很多学生，评价好，且便于就职。

随着 1943 年 8 月缅甸宣布独立，军政监部被废除，这点与菲律宾相同。但是缅甸的日语学校成了国立学校，日语教师兼任缅甸政府的公务员，这些与菲律宾有很大的差别。从那时开始，派遣日语教员陆续上任。在各地增添日语学校，达到了 56 所。

从 1943 年 7 月至 1945 年 1 月，日本共派遣了 11 次约 190 名派遣日语教员（其中有 6 名女性）赴缅甸。1944 年 9 月 1 日，随着北缅甸战况的恶化，很多日语学校被迫关闭或撤离。一些人员转移至毛淡棉，组成了日语学校教育挺身队，在严峻的战况下负责日语教育等工作。

在印度尼西亚，1942 年 3 月，日军占领印度尼西亚之后马上提出了以下教育基本方针：

> 为了建设"大东亚共荣圈"，印度尼西亚人作为皇道臣民，彻底普及教育；更改旧殖民地时代的教育，取消荷兰语，强制实行日语教育；重点推进技术教育。②

具体来说，就是废除荷兰殖民地时期的支配者学校和被支配者学校这种双层的教育体制，建立新的教育制度。全面更改教学计划，从初等教育到大学，所有的学校都要将日语作为必修课来学习。中学除了日语，还要必修日本历史、地理、日本国情，大学也要必修日语、日本学。除此之外，在一些技术学校，如培养石油精制技术人员的石油工业学校等也要求学习日语。在雅加达、望加锡等地还开办了面向一般成年人的日

---

① [日] 木村宗男编：《讲座日本语和日本语教育（15）》，明治书院，1991 年，第 153 页。
② [日] 木村宗男编：《讲座日本语和日本语教育（15）》，明治书院，1991 年，第 154 页。

语学校。日本在印度尼西亚，还设立了与日本本国相同的邻组、警防团、青年训练所、义勇军、准兵等组织，在这些组织内也要进行日语的学习。

与菲律宾、缅甸不同，印度尼西亚和马来都没能宣告独立。1943年5月31日，日本御前会议决定正式采纳"大东亚政略指导大纲"，将马来、荷属东印度划为日本领土。

（二）在东南亚推行日语教育的主要措施

1. 派遣日语教师

1942年8月，日本政府在内阁会议上通过了"关于南方多地区日语教育以及日语普及"提案。1942年1月，文部省创办了"派遣南方的日语教育要员培训所"，开始招募要员。要员的选拔和培训实质上是由日语教育振兴会进行的。

陆军省任命学业修完者为日语教育要员，所属身份是陆军军队职工（判任官）或陆军市政官（奏任官），也就是说，今后一切听从军队命令。派遣地在任命时就已经决定好了。派遣计划根据1943年1月22日的"内阁军人第十四号"制定，如表1.6所示。

表1.6 日语教员派遣计划

地区　　数量　　类别	奏任官	判任官
菲律宾群岛	25	130
缅甸	40	200
爪哇	50	250
马来	40	200
婆罗洲	5	30

资料来源：[日]木村宗男编：《讲座日本语和日本语教育（15）》，明治书院，1991年，第149页。

2. 编纂教科书

1941年12月，日本文部省日语教育振兴会出版了面向中国地区的《口语》（上、中、下）、《同步学习指导用书》（上、中、下）、《日语读本·卷一》

和《同步学习指导用书·卷一》，南方各地区也暂且使用该教材。同时，菲律宾、缅甸、印度尼西亚的一些日语教员还边教课边根据当地情况修改、编写教材。1943年12月，日语教育振兴会又编写了"南方各地区"专用教材。

表1.7 "南方各地区"专用教材

1943年2月	《成人用速成日语教科书·上卷》《初等学校用日语教科书·卷一》《日本语法教科书》
1944年10月	《初等学校用日语教科书·卷二》
1945年3月	《初等学校用日语教科书·卷三》《中等学校日语教科书·卷一·卷二》

资料来源：［日］木村宗男编：《讲座日本语和日本语教育（15）》，明治书院，1991年，第156—157页。

1944年12月之后，日语教育振兴会还陆续出版了每本教科书的《学习指导用书》。然而教材编写完成时，战况已经相当严峻，很多日语学校被迫关闭或撤离。

3. 开办民间日语学校

占领初期，驻扎在地方的警卫队为了与当地居民能够交流，让学校教员出身的士兵等人创办个人日语教室。教科书均为手写，这种日语授课意外地对交流起到了很好的作用。士兵们也学会了简单的他加禄语等当地语言，彼此领会想法。此外，还有在马尼拉的基督教日本人教会创办的日语学校，以及菲律宾人经营的日语教室等。

除此之外，日本在南方各地区还通过举办日语能力考试，给合格者颁发语言津贴等手段推广日语教育。

（三）在东南亚推行日语的效果

日本在南洋群岛的占领时间较长，加之殖民地人民抵抗运动较弱，因此日语教育的普及率也相对较高。而在东南亚各国的占领时间较短，在菲律宾和缅甸只有两年半的正常授课，并且由于南方各个地区差异较大，不适合使用同一教材和教学方式，所以日语教育推行的效果并不广泛，也不深入。日本殖民者妄图通过所谓"大东亚共荣圈"这一自以为是、夸大的想法，违背被占领地区人民的意志，武力强制学习日语，其结果不仅是日语教育的失败，还给被占领地区人民带来许多心灵上、物质上的伤害。

第三节 二战后日语教育国际化的历程

二战后，随着日本经济大国地位的确立，世界上学习日语的人数不断增多。在日语教育国际化的推广过程中，日本政府通过建立完善体制、设立推广机构、制定发展战略等举措，推动了日语教育国际化的发展。日语教育国际化不仅传播了语言本身，对促进海外了解日本、加强国际文化交流、提升国家形象具有重要作用。

一、二战后日语教育国际化的基础准备（1945—1979 年）

二战后，日本政府在美国占领当局的主导下，通过立法改革了近代教育体制中的非民主、军事性要素，确立了民主、和平的现代教育体制。[1]日语教育国际化的内容也被重新定义，以重建文化国家日本和复兴日语教育为目的。

1945 年，根据盟国驻日占领军总司令部（简称"盟总"，GHQ）的指令，日本政府解散了在战争期间推行奴化教育的日语教育振兴会。翌年，将其重新改组为语言文化研究所，为美国传教士教授日语。1948 年，受在日宣教团的请求，语言文化研究所成立附属东京日语学校，修改并制定新的日语教材。从 1949 年开始，上智大学、京都日语学校、外国语学校等几十所学校陆续开启了日语教育课程。1951 年，国际学友会重新开授日语班级，并于第二年接收了印度尼西亚政府派遣的 60 名技术研修人员学习日语。至此，二战

---

① 臧佩红：《日本近现代教育史》，世界知识出版社，2013 年，第 245 页。

后日本的日语教育国际化才开始起步。

20 世纪 50 年代中期，日本经济开始进入高速发展时期。经济的高速增长，使日本的国际地位不断提升。日本通过加入国际经济组织（如 1955 年加入关税与贸易总协定、1963 年加入经济合作与发展组织等）、举办大型赛事（如 1964 年举办东京奥运会、1979 年举办大阪世博会）、实施贸易与金融自由化等，重返国际舞台，确立国际地位。与此同时，日语教育也成为日本扩大国际影响力的手段之一，受到日本政府的重视。

20 世纪 50 年代至 70 年代末，日语教育处于重新起步的"准备期"。这一时期日本政府通过确立相应的体制、建立相关机构，编纂日语教材，为推进日语国际化提供保障。

（一）制定外国留学生相关制度

1954 年，日本文部省设立"公费外国人留学生招生制度"，首期接纳 23 名留学生，并在东京外国语大学、大阪外国语大学设置 1 年制留学生专科。1956 年 7 月，日本中央教育审议会指出："第二次世界大战造成我国长期在文化上处于孤立地位，落后于世界文明。因此，为了提高我国的学术水平，进一步增进国际了解和友善，大力促进留学生和研究人员的国际交流、有关学术文献和资料的交换，以及向海外介绍我国文化等政策的实施，就成为当务之急。"1964 年，日本又制定了针对印度尼西亚的、具有赔偿性质的留学生制度，每年接收 100 名留学生。

（二）设立日语教育相关机构

1957 年，日本文部省设立日本国际教育协会，主要管理驹场留学生会馆和关西留学生会馆，负责照顾留学生生活。1959 年，日本通产省成立海外技术者研究协会（AOTS），作为民间的技术合作机构，主要开展对研修人员的日语教育。1962 年，日本成立了外国人日语教育学会，发行刊物《日本语教育》。1963 年，日本成立日本国际教育协会，开始实施自费留学统一考试。1972 年，日本国际交流基金会成立，并于翌年召开第一次海外派遣日语教师研讨会和第一次海外日语教师研讨会。1974年，日本国立国语研究所设置日语教育部，后改为日语教育中心。1977 年，外国人日语教育学会改革为社团法人日本语教育学会。

（三）开通国际广播、编纂教材

1959 年，日本通过 NHK 国际广播开始播放面向英语、印度尼西亚语地区的日语教育节目。1965 年，文部省召开日语教育研讨会。这一时期，文部省及各个相关组织机构修改和编写了大量日语教材。如《改定标准日语读本》《外国人用汉字词典》《外国人用专用语词典》《外国人的日语读本》等。文部省还制作了 6 部日语教育录像教材。同时，各驻外使馆还纷纷开设日语讲座，积极向海外推广日语。

二、日语教育国际化的全面展开（1980—2000 年）

随着日本经济大国地位的确立，中曾根内阁于 20 世纪 80 年代提出"战后政治总决算"的口号和谋求成为"政治大国""国际国家"的发展目标，认为日本"对吸收和消化外国文化，即对文化的'接收'过于热心，而对于文化的'传播'所做的努力却很不充分……日本越是要成为国际国家，就越要思考如何在世界上传播日本文化"[1]。1983 年，日本外国留学生人数为 1.04 万人，中曾根内阁在这一年提出了到 21 世纪初"10 万留学生接收计划"，于是日语学习者开始急速增加。以此为标志，日本的日语教育国际化全面展开。这一时期日本教育国际化的演进大致经历了以下两个阶段。

（一）20 世纪 80 年代全世界日语学习规模呈现爆发式增长，日语教育国际化迎来高潮期

这一时期，日本推行日语教育国际化的主要举措为：1980 年 9 月日

---

① 吴廷璆：《日本史》，南开大学出版社，1994 年，第 1147 页。

本政府为培养中国大学日语教师在北京设立了日语研修中心（中国称"大平班"，1985 年改为北京日本学研究中心）。1984 年，日本国际教育协会与日本国际交流基金联合举办日语能力检定考试。1985 年，筑波大学、东京大学、名古屋大学、九州大学、北海道大学、东北大学、大阪外国语大学、广岛大学 8 所大学开设留学生教育中心，旨在开展对研究型留学生、教师研修型留学生的日语教育。1986 年，日本成立外国人就学生[①]接受机构协议会。1988 年，日本国际教育协会举办首次日语教育能力检定考试。1989 年，国际交流基金开设日语国际中心，同时，日语教育振兴协会也于这一年成立。

表 1.8 20 世纪 80 年代海外日语教育规模统计

年代 \ 分类 数量	机构数	教师数	学习者数
1980 年	1145	4097	127167
1985 年	2620	7217	584934
1990 年	3917	13217	981407

资料来源：根据［日］日本国际交流基金：《海外日本语教育机关调查 过去调查的日本语教育机关数、教师数、学习者数》制作,http://www.jpf.go/jp/j/Japanese/survey/result/surveyyold.html。

（二）20 世纪 90 年代随着泡沫经济的崩溃，日语教育的高潮也渐渐退去，但全世界学习日语的人数还是持续增长，日语教育国际化进入稳定增长时期

这一时期，日本政府通过提高国内外日语教师的水平、日语教育机构的教学质量、建立日语学习支援网络等方式，不断扩大对外日语教育。1990 年，日本国际交流基金在曼谷、雅加达、悉尼开设海外日语中心。1991 年，NHK 教育台开始播放标准日本语讲座。1992 年，文部省发布

---

① "就学生"多数是指就读于日语教育机构的学生。大学、短期大学、专门学校的在校学生是留学生。2010 年，日本取消"就学生"，在留资格统一为"留学"。

针对在日外国儿童、学生的日语教科书《学习日语》。1993 年，文部省发布《关于外国儿童、学生在日日语教育接受情况调查》。同年，促进日语教育实施政策调查研究合作者会议发表了《关于促进日语教育的措施——面向日语国际化》，提出日语教育方针为针对学习者的个体要求、提高日语教育设施、培养教师、改善教育内容及方法、对应海外日语教育需求等。1994 年，国立国语研究所开始对国际社会中的日语教育进行综合研究。1996 年，日本贸易振兴会举办首次商务日语能力考试，并发布商务日语教材《课长》。1998 年度在日本国内学习日语的外国人约 8.3 万人，在日本以外学习日语的外国人约达 209 万人，日语在外国人中的推广成倍增加。①

三、日语教育国际化的新阶段（21 世纪至今）

进入 21 世纪以来，日本经济持续低迷、少子高龄化等问题给日本的未来蒙上阴影。尽管如此，全世界学习日语的人数还是缓慢增长的。根据日本国际交流基金会举行的日语教育机构调查显示，2003 年全球学习日语的人数约为 235 万人，2006 年约为 297 万人，2009 年约为 365 万人，② 增长幅度还是非常大的。与此同时，随着日本对发展文化产业的重视，"文化外交"也越来越受到关注。2002 年，《独立行政法人国际交流基金法》提出，"日语的普及不仅是让海外国家加深对我国的了解，还要在文化等领域对世界做出贡献"③。这之后，日本国际交流基金会开始将日语教育纳入外交政策中开展实施。如 2006 年，国际交流基金会关西国际中心开始了"亚洲青年特别研究员高等教育奖学金访日研修"活动，该项目以"将来可能影响亚洲各国未来的人才"为对象，通过支援访日留学研修等，进行"以加深理解日本文化、社会以及开展

① 臧佩红：《日本近现代教育史》，世界知识出版社，2013 年，第 366—367 页。
② 日本国际交流基金主页，http://www.jpf.go.jp/j/japanese/survey/result/index.html。
③ [日]嶋津拓：《"普及日语"的语言政策》，羊书房，2010 年，第 98 页。

专业研究的资料收集方法学习为目的的海外日语普及"①。这一年，日本政府还提出"通过 ODA 援助等扩充日语教育事业，使海外日语学习者人数达到 300 万人，并且未来达到 500 万人"的目标。2008 年，国际交流基金会开始构筑"JF 日语网络"，计划增加 100 个教育基地，通过与海外日语教育机构的紧密联系与合作，改善日语教育的环境，提高日语教育的质量。"10 万留学生接收计划"这一目标最终于 2003 年实现，达到 10.95 万人。2008 年接收留学生数为 12.38 万人，位居世界第 7 位。作为实施"全球战略"的重要一环，日本政府同年又提出了在 2020 年实现接收 30 万留学生的目标。②2012 年，留学生人数达到 13.78 万人。③

---

① [日] 嶋津拓：《"普及日语"的语言政策》，羊书房，2010 年，第 108—109 页。
② 唐振福：《日本教育国际化战略研究：基于公私二元结构路径的视角》，经济科学出版社，2012 年，第 26 页。
③ 《日本人的海外留学人数及外国人留学生在籍状况调查》，文部科学省主页，http://www.mext.go.jp/b_menu/houdou/25/02/1330698.html。

第二章 日语教育国际化的保障体制

为促进日语教育的国际推广，日本政府机构、学校教育机构、独立行政法人、民间组织等采取了一系列的措施，通过建立政府和民间的合作机制，采用官民并举的多元化推广模式，自上而下全方位保障与支援了日语教育国际化的开展。

第一节 政府部门推进日语教育国际化的机构设置

日本政府机构中推广日语教育国际化的主体责任机构是文部科学省与外务省。文部科学省通过召开日语教育研讨会、支援外国留学生、开展国内的外国人日语教育、促进国际交流、派遣日语教师赴海外支教等举措，大力推广日语学习与教育。外务省也一直致力于海外的日语推广，通过政府开发援助的方式，向海外的大学赠送日语教育器材（同声翻译器等）、图书、NHK 国际电视频道接收装置。同时，日本大使馆也通过开办日语讲座、在驻在国大学举办"日本文化祭（节）"介绍日本文化等方式推广日语。此外，总务省、经济产业省、厚生劳动省、法务省也积极参与和配合日语教育的国际推广工作。近年来，地方自治体也对地区间的国际交流、日语教学等表现出了积极的姿态。

一、文部科学省

文部省中参与日语教育与国际推广的部门主要是文化厅及其下辖的国语课、日语教育推进对策调查会、国立国语研究所等。

（一）国语课

早在 1940 年 11 月 28 日，日本文部省内即设有国语课，当时隶属于文部省图书局。国语课设立后，先后归图书局、教学局、教科书局、调查课、调查普及局、调查局、文化局等所属，现在由文化厅文化部管辖。设立之初，国语课主要负责：国语调查、日语教科书编纂、国语审议会的相关事项。1946 年，国语审议会发表了《当用汉字表》《现代假名使用》。1947 年，国语课的负责范围扩大，除国语研究、国语审议会、罗马字调查、公文校阅等工作之外，还增加了对外国人的日语教育工作。1952 年 8 月 30 日公布的《文部省组织令》又具体规定："对外国人实施日语教育，（国语课）要给予专门的、技术性的援助与建议。"①

二战后，随着日本国际交流的兴起，学习日语的外国人、留学生急速增加。1961 至 1962 年，文部省调查局先后成立了日语教育研究会、日语教育恳谈会，就日语教育的各种问题展开讨论。1963 年，文部省还召开了日语教育讲习会。在这些学会的协助下，国语课出版了《外国人用汉字词典》《外国人用专用语词典》（1965 年）、《外国人用日语读本》（初·中·上级）（1967—1968 年）、《外国人的基本语用例辞典》（1971 年），并制作出版了其他相关教材、录像、日语教育指导参考资料等。同时，从 1967 年开始，国语课每年对国内的日语教育机构进行问卷调查，并编写《国内日语教育机构实态调查的概要报告》。从 1975 年开始，国语课委托大学等进行研究，并在东京、大阪召开日语教育研究协议会。

1993 年 6 月，国语审议会发表了《现代国语的诸问题》报告书，在讨论国际社会上日语的应有状态的同时，提出随着日语教育需求的增加，应加强推进教学内容、方法的研究开发等。

（二）日语教育推进对策调查会

1968 年文部省设立了文化厅。文化厅为了进一步推进日语教育，

---

① ［日］日语教育学会编：《日语教育事典》，大修馆书店，1993 年，第 723 页。

于 1973 年设立了日语教育推进对策调查会，并做了题为"促进外国人的日语教育具体对策"的报告。1974 年，文部省中央教育审议会提出《教育、学术、文化的国际交流》，商讨了对外国人的日语教育振兴对策。

1975 年，日语教育推进对策调查会向文化厅长官提出《日语教师必要资质、能力及提高对策》的报告书，提议在提高日语教师资质和能力的同时，要从制度上、内容上改进日语教师的培养、研修等，提出应考虑在将来设置日语教师资质、能力的基准，并进行能力考核。

1977 年，该调查会提出《关于整备充实日语教育的内容、方法的相关调查研究》的报告书，并于 1979 年 3 月提出设定日语学习者的日语能力标准和进行能力测试的建议。根据这一建议，日本国际教育协会于 1983 年在日本国内举行了日语能力考试，翌年，国际交流基金也加入并开始在海外实施考试。

1985 年 5 月，日语教育推进对策调查会预计 21 世纪初日本国内日语学习者人数将会达到 14.25 万人，届时将需要日语教师 2.49 万人，[①]提议要有计划地整备、充实日语教师培训机构，除了国立大学要设立以培养日语教师为目的的学科外，还要规范培养日语教师的第二专业以及民间教师培养机构的教育内容，并提出实施日语教师检定制度。在这一提议下，1985 年筑波大学、东京外国语大学率先设置了日语教师培养专业，此后，逐渐完善了大学的日语教师培养专业。为了确立日语教师的专业性以及提高日语教育的水平，1986 年公益财团法人日本国际教育支援协会开始主办日语教育能力检定考试。

（三）国立国语研究所

1948 年，文部省设立了国立国语研究所，从 1968 年开始该研究所划归文化厅管辖至今。设置该研究所的目的是为了对国民的日语与日语

---

① ［日］田尻英三编：《日语教育政策指针 2008——围绕定居外国人政策》，羊书房，2009 年，第 17 页。

语言生活进行科学综合的调查研究，以及为提高和充实对外国人的日语教育而进行日语教育研究与研修等相关事业。1974 年，国立国语研究所设立了日语教育部。主要负责国内外日语教育研究信息的收集以及对日语学习者之间交流进行实证研究。1976 年，日语教育部改为日语教育中心，继续开展调查研究。日语教育中心由 6 个研究室组成，分别是第一研究室（作为外语的日语本身的研究）、第二研究室（日语和欧美各国语言的比较研究）、第三研究室（日语和东南亚诸语言的比较研究）、第四研究室（日语和汉语、朝鲜语的比较研究）、日语教育研究室（教员研修的相关调查研究以及召开研修会）、日语教育教材开发室（教材开发的相关调查研究以及教材制作与提供、信息资料收集与提供）。1981 年，又在日语教育中心设置日语教育指导普及部。该所不仅制作了《日语教育影像基础编》（共 30 部）、《日语教育基本语汇调查》等大量教材，还从 1994 年开始对日语在国际社会所处状况进行综合研究。2009 年，由于日本实施独立行政法人改革，国立国语研究所变更为大学共同利用机构法人，为人类文化研究机构之一。

（四）文化厅

1968 年，文化厅设立后，成为文部省推广日语教育的主要部门。1971 年，文化厅编写出版了《外国人的基本用语实例词典》。1994 年，文化厅召开第一次思考今后日语教育研讨会。1994 年到 2000 年，文化厅委托 8 个地区（神奈川县川崎市、群马县太田市、山形县山形市、静冈县滨松市、大阪府大阪市、东京都武藏野市、福冈县福冈市、冲绳县西原町）实施推进日语教育事业，并于 1999 年的关于今后推进日语教育政策的调查研究合作者会议上，做了题为"关于今后推进日语教育政策——以日语教育的新开拓为目标"的报告，作为日本对外日语教育的方针。2000 年，文化厅在关于日语教师培养的调查研究合作者会议上，做了题为"关于为了日语教育的教师培养"的报告。翌年，文化厅又在关于为了日语教育而改善考试的调查研究合作者会议上，做了"关于为了日语教育而改善考试——以日语能力考试、日语教育能力检定考试为中心"的报告。这些报告均与此后日语教师培养机构的教育内容，日语教育能力检定考试的内容、方法的改革密切相关。

2001 年 12 月，日本公布实施了《文化艺术振兴基本法》（2001 年法律第 148 号），首次将振兴国语、振兴日语教育上升为法律。该法第十九条规定：

> 为了加强外国人对我国文化艺术的理解、充实外国人的日语教育，要整备从事日语教育人员的培养与研究体制，采取日语教育的教材开发及其他必要措施。①

在该法影响下，2002 年 12 月，内阁会议决定《关于振兴文化艺术的基本方针》，其中就普及与充实日语教育，提出以下六大措施：

> ①调查研究日语教育的指导内容与方法等；②开发及提供日语教育的教材等；③日语教育相关者的研修等；④根据地区实际情况开设日语教室、培养知识丰富能力卓越的日语志愿者；⑤日语教师等的海外派遣与招聘研修；⑥加强运用网络等信息通信技术的日语教材、日语教育相关信息的提供等措施。②

以该方针为基准，在多语言、多文化共生的社会背景下，文化厅全面展开了日语教育的国际推广。此外，随着 IT 技术的发展，2003 年文化厅还提出《信息通信技术和日语教育》的报告书，并开始实施构筑网络日语教育的各种信息与教材。

二、外务省

1951 年，日本政府修改了《外务省设置法》（1951 年法律第 283 号），

---

① 《文化艺术振兴基本法》（2001 年法律第 148 号）（2001 年 12 月 7 日公布），文化厅主页，http://www.bunka.go.jp/bunka_gyousei/kihonhou/kihonhou.html。

② 《关于振兴文化艺术的基本方针》（2002 年 12 月 10 日阁议决定），文化厅主页，http://www.bunka.go.jp/bunka_gyousei/housin/kihon_housin_1ji.html。

其中第四条规定由外务省负责"日本文化的海外介绍以及与他国的文化交流"①。由此，外务省承担了对外介绍日本文化和文化交流的职能。外务省首先从"经济合作""技术合作"着手，并逐渐向国际文化交流拓展。

从20世纪60年代中期到70年代初，外务省通过驻外使馆开设日语课、派遣日语教育专家、支援当地日语教育机构、赠送日语教材、邀请当地日语教师赴日、邀请当地日语课成绩优秀者赴日等开展海外日语教育事业。

1964年，驻外使领馆开始开设日语课程，外务省还专门向驻外使领馆派遣日语教育专家，在海外直接开展日语教育。1972年，外务省向东南亚等国的日本大使馆、日本总领事馆共计派出7名日语教育专家。除了开设日语课程外，一些驻外使领馆还与海外的当地日语教师会合作举办日语教育研讨会，并协助相关机构开展日语辩论大赛、为海外的日语学习者提供施展平日学习成果的重要机会。

1965年，外务省开始向东南亚以及西亚的高等教育机构提供日本研究讲座。从1965年开始到1972年，日本外务省向泰国［泰国国立法政大学（Thammasat University）、朱拉隆功大学（Chulalongkorn University）］、菲律宾［雅典耀大学（Ateneo De Manila University）］、中国香港［香港中文大学（The Chinese University of Hong Kong）］、马来西亚［马来亚大学（University of Malaya）］、印度尼西亚［印度尼西亚大学（Universitas Indonesia）］、印度［德里大学（University of Delhi）］、新加坡［南洋大学（Nanyang University）］的高等教育机构提供了日本研究讲座，并派遣了大量日语教育专家和日本研究专家。

1972年，日本政府成立了日本国际交流基金，划归外务省管辖。外务省通过国际交流基金正式将日语推广作为"国际文化交流事业"的一环在海外展开了。1973年，外务省文化事业部②发表了《国际文化交流

---

① ［日］嶋津拓：《"普及日语"的语言政策》，羊书房，2010年，第46页。
② 1964年设置。

的现状和展望》，提出：

> 主要发达国家在对外文化政策方面都非常重视本国语言的普及，如英国的英国文化教育协会（British Council）、法国的法语联盟（Alliance Francaise）、美国的美国新闻署（U.S.I.A）等，各自都拥有庞大的预算、机构和人员，致力于向世界各地区普及本国语言。回顾我国海外普及本国语言的历史……第二次世界大战之后并没有有组织地进行过日语推广，随着外国对日本的日益关注，日语学习热潮涌现，故有必要重新认识对外普及日语的必要性。[①]

学习一国的语言与深入了解该国的文化、社会紧密相连。在海外推广日语教育与研究，对于让外国人更加正确、深入地了解日本文化、从而进行文化交流是非常重要的。鉴于此，外务省通过向海外派遣日语教师，提供日语教材、教学设备、资金，支援海外日语教育机构，资助当地日语教师、学生赴日研修，举办日语能力考试等各种形式努力振兴海外的日语教育事业。

三、其他省厅

除文部省和外务省之外，一些其他政府机构也参与和配合日语教育推广，各部门之间既有合作，又各有侧重。

总务省于1987年协同外务省、文部省共同发起了日本交流与教学项目（JET）。该项目通过邀请外国青年到日本的中学就外语和体育等方面进行指导，进行国际交流。2005年6月，总务省设置了关于推进多文化共生的研究会，探讨推进地区多文化共生政策。2006年3月，总务省又提出"关于推进多文化共生的研究会报告书——面向地区多文化共生的推进"，提出支援日语教育、加强文化理解、建立多文化共生地区

---

① [日]嶋津拓：《"普及日语"的语言政策》，羊书房，2010年，第50页。

等建议。在实际操作上，该研究会在多文化共生的框架内以开办日语教室为主实施日语教育。此外，总务省的自治行政局自治政策课国际室还负责主管地方自治体的国际交流与国际合作。

经济产业省（当时的通商产业省）于 1959 年设立了海外技术者研究协会（AOTS），开始对外国技术人员进行日语培训。2012 年 3 月，该协会与海外贸易开发协会（JODC）合并为海外产业人才育成协会（HIDA）。新协会专门设立日语教育中心（JLTC），主要通过企业研修、商务日语教育、教材开发等实施日语教育。2008 年，日本政府提出30 万留学生计划后，经济产业省迅速将"引进高水平人才"列为重点课题，加速实施"高水平人才"培养政策，并提出要对留学生加强商务日语等教育。

厚生劳动省主要负责保障、提高国民生活、增进社会福利、公众卫生、改善劳动条件与环境等。在日语教育方面，主要是以向国内的外国人劳动者提供日语课程，提高其日语水平，保障其稳定工作为主。此外，在引进国外医疗、护理、保健等相关资质人员时，通过开展日语课程、资格认证等途径参与日语教育。

法务省主要是在审查外国人入境、管理日语教育机构等方面协助日语教育的推广。而且法务省还协助外务省、文部省共同提出制定《日语教育设施的运营标准》，用以管理日本国内语言教育机构。

四、地方自治体

20 世纪 80 年代后，地方自治体开始致力于推动"地区的国际化"进程，其中一项重要内容就是展开日语教育。1981 年，石川县金泽市的市民团体向世界开放金泽市民大会率先开办了地方日语教师培养讲座，在地区文化振兴活动、国际交流活动中，也开始了日语志愿者的支援活动。与此同时，栃木县宇都宫市、宫城县仙台市等也举办了日语教师培养讲座，从而渐渐展开了支援日语学习的各项活动，一些地区还专门设立了日语教室。1988 年，地方公共团体的联合组织自治体国际化协会成立，用于支持地方的国际化与国际交流。进入 21 世纪后，在建立多语言多文化共生型社会的背景下，滨松、大阪、爱知、岐阜、三重、名古屋等地先后发表创造多文化共生社会的宣言以及对策方针，并积极开展日本交流与教学项目，通过支援日语教育活动，加强对异文化的理解。

第二节 教育机构日语教育国际化的贯彻实施

从 20 世纪 50 年代开始，日本的大学、社会培训等教育机构通过开设专业日语教育课程、开发教材、成立日语研究机构、开办讲座、培养日语教师、支援留学生等方式开展日语教育。

一、高等教育机构

1954 年，日本文部省开始实行邀请公费外国留学生制度，并在东京外国语大学、大阪外国语大学设置一年制的留学生别科，第 1 期有 23 名学生来日。当时的留学生主要有研究留学生与本科留学生两类，大阪外国语大学负责接收研究留学生，东京外国语大学负责接收本科留学生。文部省之所以将这两所学校作为招收公费留学生的机构是因为当时这两所学校拥有很多外语水平较高的教师。然而由于没有正式编制的日语专业教师，大都是兼职教师，再加上外语教师们没有教授日语的经验，所以当时困难重重，规模有限。到 1960 年，东京外国语大学共计仅招收了来自 25 个国家的 138 名留学生，大部分来自东南亚以及中东国家。[①]

由于一年制留学生别科制度下培养的留学生，特别是本科留学生在升入大学后，日语能力明显不足，因此，1960 年文部省决定设立三年制"留学生课程"。即第一年以学习日语为主，其余两年在继续学习日语

---

① [日]木村宗男编：《讲座日本语和日本语教育（15）》，明治书院，1991 年，第 193 页。

的同时，学习一般大学一、二年级的公共课目，然后第四年编入各个专业的三年级正式入学。文部省大学学术局在《留学生课程要案》（1960年4月14日）第一条规定：留学生课程是对外国人留学生实施日语教育、一般教育以及专门教育的一部分，以外国留学生在大学接受专业教育、充分培养其能力为目的。[①]三年制留学生课程主要在东京外国语大学和千叶大学实施，分别负责文科与理科的本科留学生，学生额定人数分别为30人和60人。同时，上述3所大学还拥有了正式教师编制，千叶大学还设立了留学生部。从1960年至1972年，千叶大学累计毕业留学生409名，东京外国语大学为120名。[②]

由于三年制留学生课程在专业衔接、学习内容等方面存在很多不足，因此，1970年，文部省决定废止三年制留学生课程，为公费留学生预备教育专门成立东京外国语大学外语系附属日语学校，将文理科合并，学习年限为1年，期满后进入各大学的本科一年级。与此同时，对于研究留学生与教师研修留学生，则安排由北海道大学语言文化部、东北大学教养部、筑波大学留学生教育中心、东京大学留学生教育中心、东京工业大学留学生教育中心、名古屋大学综合语言中心、大阪外国语大学留学生别科、广岛大学教育学部、九州大学留学生教育中心等负责，学习时间为6个月。高等专门学校留学生和专修学校留学生则分别由国际学友会日语学校和文化外国语专门学校日语科负责，学习时间也是6个月。

除了日本政府的公费留学生外，随着接收外国留学生政策的开放，日本的其他高等教育机构也纷纷开始实施日语教育。例如，早稻田大学从1954年开始日语教育，1962年成立早稻田大学语学教育研究所，1964年召开第一次日语教育公开讲座，同时还陆续制作《讲座日本语教育》《外国学生用日本语教科书初级》等教材。东京外国语大学于1968

---

① [日]木村宗男编：《讲座日本语和日本语教育（15）》，明治书院，1991年，第197页。
② [日]木村宗男编：《讲座日本语和日本语教育（15）》，明治书院，1991年，第202页。

年设置四年制日语专业。庆应义塾大学在 1958 年成立庆应义塾外国语学校，于 1964 年改为庆应义塾大学国际中心，1966 年完成《日本语和日本语教育》研究，1972 年开设日本语教授法讲座。大阪外国语大学于 1969 年制作《日本语·日本文化》教材，1977 年设置日语硕士课程。筑波大学于 1985 年设立日语、日本文化学专业，并开设留学生教育中心，等等。根据 1988 年文化厅统计，当时日本国内高等教育机构中的日语教育机构、教师以及学习者数量如表 2.1 所示。

表 2.1 1988 年日本高等教育机构
中日语教育机构数、教师人数、学习者人数

机构		主要学习对象等	机构数（个）	教师人数（人）	学习者人数（人）
大学院		具备日语语言专业的机构	4	51	62
大学	国立大学	设置日语学科的大学	2	21	136
		设置大学（大学院）升学预备教育课程的大学	10	195	231
		作为正规科目（替代科目）进行日语教育的大学	51	179	1274
		作为补习进行日语教育的大学	20	108	1663
		其他大学	12	98	551
		小计	95	601	3855
	公立大学	小计	8	9	133
	私立大学	设立日语专业的大学	8	78	133
		设置大学升学预备教育课程的大学	12	175	554
		因学部短期留学接收留学生进行日语教育的大学	10	63	529
		作为正规科目（替代科目）进行日语教育的大学	80	373	3655
		作为补习进行日语教育的大学	8	19	167
		其他大学	8	116	667
		小计	126	824	5705
		大学合计	229	1434	9693
短期大学		小计	31	84	392
高等专门学校		小计	27	56	142
总计			291	1625	10289

资料来源：根据［日］木村宗男编：《讲座日本语和日本语教育（15）》，明治书院，1991 年，第 187 页自行绘制。

经过多年的摸索与努力，从 1988 年至今，日本国内高等教育机构中学习日语的人数几乎逐年递增。截至 2013 年统计显示，日语学习人数已经增加为 1988 年近五倍，达到 5.1 万人，累计日本国内高等教育机构中学习日语人数超过 77.55 万人。具体如表 2.2 所示。

表 2.2 日本国内高等教育机构中日语学习者人数（单位：人）

机构年度	大学院、大学	短期大学	高等专门学校	合计
1988 年	9755	392	142	10289
1989 年	11779	508	163	12450
1990 年	12215	645	142	13002
1991 年	13976	660	157	14793
1992 年	14818	1009	190	16017
1993 年	16843	780	232	17855
1994 年	17585	870	278	18733
1995 年	18519	1289	288	20096
1996 年	18502	1030	291	19823
1998 年	18387	988	342	19717
1999 年	21067	1070	329	22466
2000 年	23491	1286	296	25073
2001 年	31600	3617	520	35737
2002 年	33975	2667	253	36895
2003 年	35816	2660	234	38710
2004 年	36417	2033	274	38724
2005 年	42718	1842	298	44858
2006 年	39605	1480	281	41366
2007 年	39465	1381	283	41129
2008 年	43628	1382	300	45310
2009 年	53546	1770	305	55621
2010 年	48747	1530	302	50579
2011 年	39448	1018	333	40799
2012 年	42632	1140	332	44104
2013 年	50116	1031	252	51399

资料来源：根据日语教育实态调查数据，[日]文化厅主页，http://www.bunka.go.jp/kokugo_nihongo/jittaichousa/index.html 自行绘制。

二、一般教育机构

除了高等教育机构外，随着留学生的不断涌入，地方、民间的一些日语教育机构也迅速发展。这些一般教育机构主要包括由日语教育振兴协会认定的日语教育机构、国际交流协会所属机构、教育委员会所属机构、地方公共团体、法务省告示机构等。根据 1988 年文化厅统计，当时日本国内一般教育机构中的日语教育机构、教师以及学习者数量如表2.3 所示。

表 2.3 1988 年日本一般教育机构
中日语教育机构数、教师人数、学习者人数

主要学习对象	机构数（个）	教师人数（人）	学习者人数（人）
一般成人	154	2639	20964
传教士	8	72	279
技术研修生	23	234	980
学术研究者	1	20	34
大学入学志愿者	104	1808	17875
外国人子女	25	123	6575
在日美军相关人员	15	22	6480
美国国务院相关人员	4	25	114
其他机构	10	155	430
合计	344	5098	53731

资料来源：根据［日］木村宗男编：《讲座日本语和日本语教育（15）》，明治书院，1991 年，第 187 页自行绘制。

通过统计数字，可以看出日本国内一般教育机构中的日语学生数量远远超过高等教育机构中的留学生人数，基本上处于逐年递增的趋势，仅在 2011 年东日本大地震之后，略有减少。2012 年，日本国内一般教育机构总数为 1470 所，其中根据日语教育振兴协会统计，共有 430 所日语学校，在校生近 3 万人。[①] 截至 2013 年统计显示，日本国内一般教育机构中的日语学习人数比 1988 年增加近 1 倍，达到 10.5 万人，累计日本国内一般教育机构中学习日语的总人数超过 204 万人。具体如表 2.4

① 《日语教育机构的调查、统计数据》（2012 年度），日语教育振兴协会主页，http://www.nisshinkyo.org/article/overview.html。

所示。

表 2.4 日本国内一般教育机构中日语学习者人数（单位：人）

年份	人数	年份	人数	年份	人数	年份	人数	年份	人数
1988	53731	1993	59085	1999	70865	2004	89776	2009	115237
1989	60036	1994	64487	2000	69976	2005	90656	2010	117015
1990	47599	1995	64445	2001	83429	2006	111328	2011	87362
1991	48102	1996	59975	2002	89455	2007	122541	2012	95509
1992	53933	1998	63369	2003	96436	2008	121321	2013	105444

资料来源：根据日语教育实态调查数据，[日]文化厅主页，http://www.bunka.go.jp/kokugo_nihongo/jittaichousa/index.html 自行绘制。

第三节 专门机构的强力推进

与日语教育推广相关的专门机构主要为日本国际交流基金会、日本国际协力机构、日本贸易振兴机构、日本学生支援机构等独立行政法人。独立行政法人是指独立于国家行政机构，由国家提供经费，从事与公共服务相关的事务，依照独立行政法人制度等法律规定所设立的法人。日本国际交流基金会在外务省的管辖下，通过向世界各国的日语教育机构提供资金援助、教师派遣、教师培养、开发教材等，有力地推动了日语教育国际化进程。日本国际协力机构以青年海外协力队员方式向海外的大学等派遣日语教师，并通过技术合作活动，对发展中国家的技术人员进行日语培训。日本贸易振兴机构通过在海外实施商务日语能力考试的方式推广商务日语，为日本对外贸易的发展做出贡献。日本学生支援机构主要通过提供奖学金、调查学生生活等方面为外国留学生提供帮助。

一、日本国际交流基金会

国际交流基金会是日本唯一的在全世界各个领域实施综合性国际文

化交流事业的专门机构。1972 年，国际交流基金作为外务省管辖的特殊法人而成立，2003 年 10 月变更为独立行政法人。基金会在日本国内设有东京本部和京都支部以及两个附属机构（日语国际中心和关西国际中心），在海外 21 个国家设有 22 个海外事务所。以政府出资（1110 亿日元）作为财政基础，以运用政府资金获得的收入、从政府处得到的运营补助金和民间的捐赠作为财政补充。①根据《独立行政法人国际交流基金法》第三条规定：建立日本国际交流基金会的目的是"通过综合并有效的开展国际文化交流事业，加深各国对日本的了解，增进国际相互理解，在文化和其他领域对世界做出贡献，以有助于建立良好的国际环境和维持并发展和谐的国际关系"②。根据外务省的要求，国际交流基金会的四项主要工作是：促进文化艺术交流，援助海外的日语教育和学习，促进海外的日本研究和知识交流，提供信息援助。基金会为了充实并扩充海外日语教育和学习环境，协同各国、各地区、各教育机构等，开展了多种多样的援助工作。具体包括：

（1）国际交流基金会（负责海外）与日本国际教育协会（现日本国际教育支援协会，负责日本国内）从 1984 年开始实施国际日语能力考试，参加人数至今累计约有近 70 万人，考试场所遍布海外 61 个国家和地区，是世界上规模最大的考试。

（2）为了应对日语学习者的多样需求，使其有效且迅速地掌握日语，基金会根据海外教育现地的需求，自主开发、制作了大量的教材。近年来，还利用网络教育工具，向日语教师提供制作日语教材的素材、运营支援教师间信息交流的网站，并且向学习者提供内容丰富的学习网站。

（3）通过向海外派遣日语教育专家教授日语，并指导当地教师培养、

---

① 北京日本文化中心（日本国际交流基金会）主页，http://www.jpfbj.cn/about_1.asp。

② 《独立行政法人国际交流基金法》，国际交流基金主页，http://www.jpf.go.jp/j/about/outline/admin/guide/kikinhou/kikinhou.html。

教材编写、构筑教师间联络沟通平台等，以改善当地日语教育。

（4）通过向海外日语教师开展面向教师的研修，向各国外交官、公务员、学者、研究生等开展专业日语研修，向大学生、高中生等提供日语学习访日研修等活动，加强日语教育的国际推广。

（5）制定、完善、推进《日本国际交流基金日语教育标准》（简称 JF 日语教育标准），并在海外 26 个国家 29 个地区开办 JF 日语讲座，提供更好学、更好教的日语模式。新标准还提出要重视语言与文化的综合学习，通过日语教育促进相互理解。

（6）为准确了解全球日语教育状况，基金会每隔几年就要对开设日语课程的海外机构进行调查，并编写海外日语教育机构名录。

此外，基金会还通过建立全球日语教育机构网络（如樱花网络），支援海外日语教育机构开展日语演讲比赛等活动，开发、制作及捐赠日语教材，提供信息咨询服务等方式推广日语教育。

基金会在日本国内的两个附属机构（日语国际中心和关西国际中心）为推广日语教育国际化也做了大量具体的工作。

（一）日语国际中心

1989 年，国际交流基金为应对海外急剧增多的日语学习者以及其学习动机与学习内容的多样化需求，在日本埼玉县浦和市（现在的埼玉市）设立了日语国际中心。中心以研修事业（海外日语教师的培养与研修）和教材制作事业（开发普及日语教材及教授法）为主体，开展了各种活动。

在研修事业方面，中心主要以海外初、中、高等教育以及一般成人、幼儿教育机构的日语教师为对象，开展短期 1 周到长期 3 年的各种研修项目。研修内容除了日语文法会话、日语教授法、日本世情等相关课程外，还包括茶道、花道、书道、折纸等传统文化体验，以及博物馆、美术馆、工厂、学校、家庭、历史遗产、地方文化等研修旅行。自 1989 年成立以来，日语国际中心培养的海外日语教师已经超过 1 万名。①

在教材制作事业方面，中心为高效且有效应对各种日语学习需求，自主开发制作了大量教材。包括各种印刷教材、影像教材、网络教材以及新媒体教学等，被海外国家和地区广泛使用。并且中心还通过向海外国家制作教材提供部分经费以及向日语教育机构捐赠教材等举措支援海外的日语教育。同时，为了规范日语教学方法、学习方法以及学习成果的评价方法，自主开发了《JF 日语教育标准》，在海外的日语教育中发挥了重要作用。

（二）关西国际中心

1997 年 5 月，国际交流基金继埼玉县的日语国际中心之后，又在大阪府泉南郡设立了关西国际中心。关西中心以研修事业（专业日语研修、日语学习者访日研修和委托研修）、教材制作事业（开发网络教学与教材）和地区交流事业为主体，开展了各种活动。

在研修事业方面，关西中心以海外国家和地区的外交官、公务员以及日本研究者等为对象，开展针对各自职务以及研究需求的专门日语研修，并通过实施日语学习者访日研修，奖励海外日语学习者。同时，关西中心还向一些计划开展日语研修的机构提供特定的委托研修。

在教材制作事业方面，关西中心大力开发和推广网络教学。2007 年 7 月制作了针对护士和护理事业的网站"日语护理导航"、2010 年 2 月制作了通过动漫学习日语的网站"动漫日语"、2010 年 4 月开通了日语学习的门户网站"日语网络"。同时，中心还制作了大量教材，如为外交官、公务员日语研修开发的日语口语教材《从初级开始的日语演讲》、利用教室外的各种资源在体验中学习日语的教材《日语心动体验交流活动集》等。

---

① 《海外日语教师的培养和研修》，日本国际交流基金日语国际中心主页，http://www.jpf.go.jp/j/urawa/trnng_t/trnng_t.html。

在地区交流事业方面，关西中心为推进地区间国际交流，加深研修者对日本文化、社会的理解，与周边的自治体、NPO 等团体合作，开展家庭寄宿、参观中小学、文化设施等各种交流活动。特别是关西国际中心研修生交流支援协会主办的一年一度的接触交流节，通过支援协会加盟团体的各种日本文化介绍、研修者的本国介绍展位及发表会、公开表演等众多活动，成为研修者和当地居民直接交流的绝好机会。

二、日本国际协力机构

日本国际协力机构（简称"新 JICA"①）是日本政府开发援助的一元化综合实施机构，在一百五十多个国家和地区开展工作，有大约一百个海外事务所，是世界最大的双边援助机构。新 JICA 的工作任务是：通过帮助发展中国家的地区经济、社会开发、复兴及社会稳定，促进国际合作，并有利于日本及国际经济社会的健全发展。新 JICA 同时具备技术合作、日元贷款、无偿援助三大援助手段，能够紧密结合，更好地推进合作。② 在日语教育方面，新 JICA 主要是在海外技术研修人员中开展日语教育。具体包括：

（1）向技术进修人员提供日语培训。新 JICA 邀请发展中国家的技术人员和行政官员来到日本，在日本的政府机关、地方政府、企业、大学等的帮助下，向他们传授该国所需的知识和技术，进行培训。此外，还实施青年研修计划，邀请有发展潜力的 20—35 岁年轻人到日本，对专业领域进行培训并开展与日本普通市民的交流。③ 为保证进修效果，新

---

① 1974 年 5 月，日本公布了《国际合作事业团法》，8 月，将海外技术合作事业团（OTCA）与海外移住事业团（JES）合并，成立了特殊法人国际合作事业团（JICA）。2001 年 12 月，在日本行政改革的浪潮下，行政改革推进事务局决定依据《特殊法人等整理合理化计划》，将 JICA 改为独立行政法人。2002 年 12 月，日本公布了《独立行政法人国际合作机构法》，翌年 9 月解散了特殊法人国际合作事业团，10 月重新设立了独立行政法人国际协力机构，即新 JICA。2008 年 10 月，新 JICA 合并了国际合作银行（JBIC）的海外经济合作业务及外务省的无偿资金合作业务，成为日本政府开发援助的综合实施机构。
② 龚娜：《新日本国家协力机构与日本国家软实力》，《日本研究》，2012 年第 4 期。
③ 龚娜：《新日本国家协力机构与日本国家软实力》，《日本研究》，2012 年第 4 期。

JICA 会为进修人员提供日语培训。

（2）设立日本人才开发中心。从 2000 年开始，JICA 先后在中南半岛地区、中亚等 8 个国家设立了 9 个日本人才开发中心（简称"日本中心"），用于培养商务人才、进行日语教育、促进相互理解。大多数日本中心与国际交流基金共同开设了《日语课程》，提供从入门到高级各种水平的日语教学。此外，近年来大多数日本中心还同当地大学加强联系，支援大学生赴日留学，扩大和日本大学的交流。2010 年，有 6 个国家的日本中心召开日本留学说明会，共有 4000 人参加。[①] 新 JICA 通过日本中心对大学、民间企业、非政府间组织（NGO）、政府机构、地方自治体等的利用，将日本中心打造为日本与海外国家合作、交流的平台。

（3）培养日语教师。新 JICA 通过支援教师合同研修会、教师谢金、购买教材、当地日语教师的第三国研修、派遣日本人教师与青年志愿者、日语中心的日语学校、教师实态调查等办法，培养和输送日语教师。

（4）邀请海外日语学校的学生通过赴日体验入学、家庭寄宿等，提供加深理解日本文化社会的机会。

三、日本贸易振兴机构

日本贸易振兴机构的前身是日本贸易振兴会。[②] 2002 年 12 月，《独立行政法人日本贸易振兴机构法》颁布后，2003 年 10 月成立了独立行政法人日本贸易振兴机构（JETRO）。JETRO 拥有日本国内 35 个、国外 75 个办事处，积极致力于促进日本与海外之间的贸易与投资，加强企业之间的商务合作，其中尤其以加强与东亚地区的商务合作为重点。JRTRO 作为政府系列的机关单位，以国家财政（每年约 322 亿日元）作为财政基础，以业界团体的受托收入以及业务收入（2013 年为 32 亿）

---

① ［日］《日本国际协力机构年报》，http://www.jica.go.jp/about/report/2011/pdf/all.pdf，第 149 页。
② 特殊法人日本贸易振兴会于 1958 年 7 月成立。1998 年 7 月，与亚洲经济研究所合并为日本贸易振兴机构。

作为财政补充。① 根据《独立行政法人日本贸易振兴机构法》第 3 条规定：建立日本贸易振兴机构的目的是：综合有效地实施我国贸易振兴相关事业，并对亚洲地区等经济以及与其相关的各种事项进行基础性和综合性的调查研究与普及成果，以促进与这些地区的贸易扩大和经济合作。② 根据经济产业省的要求，日本贸易振兴机构以贸易调研、贸易宣传、贸易协调、召开博览会、企业人才培养等为工作主要内容。在日语教育方面，主要进行商务日语教学，具体包括：

（1）举办商务日语能力考试。JETRO 一直支援外国商务人士学习商务日语，并于 1996 年在日本国内外开始实行商务日语能力考试，以客观评价外籍人士的日语沟通能力。该项考试以外务省、经济产业省、文化厅及经济界等为后援，并得到了国际交流基金会与财团法人日本国际教育支援协会，以及国立国语研究所的合作，是世界上第一个官方承认的商务日语能力考试。2009 年 3 月，JETRO 将商务日语能力考试移交公益财团法人日本汉字能力检定协会负责。至今，已有累计 68718 人参加了该项考试。③

（2）日本企业研修活动。为了培养企业在海外发展所需的全球化人才，JETRO 还通过招收美、欧、亚各地大学生、青年员工等赴日本企业研修、参加海外实习等方式，培养技术与日语。与此同时，还开办了在线贸易实务讲座，总学习人数已经超过 3.8 万名。④

四、日本学生支援机构

2004 年 4 月 1 日，根据《独立行政法人通则法》（1999 年法律第 103 号）

---

① 《平成 25 年度事业报告书》，日本贸易振兴机构主页，http://www.jetro.go.jp/disclosure/info/jigyou2013.pdf。
② 日本贸易振兴机构主页，http://www.jetro.go.jp/jetro/profile/。
③ BJT 商务日语能力考试主页，http://www.kanken.or.jp/bjt/candidate/，访问时间：2014 年 10 月 20 日。
④ 日本贸易振兴机构主页，http://www.jetro.go.jp/jetro/activities/support/#2-3。

以及《独立行政法人日本学生支援机构法》（2003 年法律第 94 号），将日本育英会实施的日本学生奖学金事业以及日本国际教育协会、内外学生中心、国际学友会、关西国际学友会的各公益法人实施的留学生交流事业、留学生奖学金事业、学生生活调查等事业进行了整合，设立了日本学生支援机构（JASSO），作为文部省管辖的独立行政法人，以实施综合性学生支援事业。JASSO 的设立目的是通过资助培养未来担负社会、具备丰富人性与创造性的人才，增进国际间相互理解。JASSO 主要以高等教育的学生为对象，通过奖学金与学费贷款、促进支援留学生交流、支援学生生活等，为学生提供方方面面的支援。在日语教育方面，以支援留学生、经营日语学校等为主要内容，具体包括：

（1）支援留学生。通过颁发留学生奖学金、实施各种留学生项目、改善日本留学考试等入学手续、收集提供留学信息等，保障留学生的学习与生活。同时，为了实现"留学生 30 万人计划"的目标，努力推进接收各国留学生的事业。

（2）开展日语教育。日本学生支援机构在东京及大阪各设置了日语教育中心。东京日语教育中心的前身是国际学友会日语学校，大阪日语教育中心的前身是关西国际学友会日本语学校，两所教育中心均具有悠久历史和较高质量的日语教育、升学预备教育。接收的学生以公费留学生、外国政府派遣留学生为主，也接收少量自费留学生。[1]此外，日语教育中心还研究和开发了大量日语教材。

（3）进行留学生状况调查。JASSO 每年对大学（包括研究生院）、大专、中专、预科以及日语教育机构的公费留学生、自费留学生、困难学生状况进行调查，不仅对学籍状况、学位授予、毕业去向等进行调查，也对学生的经济状况进行统计，以便为留学生提供更好的支援。此外，

---

① 张婧霞：《日语国际推广的历史与现状研究》，西南大学，2008 年硕士学位论文，第 26 页。

JASSO 还对过去 15 年以内拥有海外留学经验的 20—40 岁的一般个人进行调查，了解其留学收获与生活现状，为教育机构的改革提供资料。

第四节 民间组织的积极参与

在日语教育国际推广过程中，民间组织的作用亦不容小觑。这些组织主要包括：日语教育振兴协会、日语教育学会、语言文化研究所、国际日语普及协会、国际研修合作机构、日本国际教育支援协会等。

一、日语教育振兴协会

1988 年 12 月，文部省召开关于日语学校标准性基准调查研究合作者会议，确定了《日语教育设施运营基准》，对日语教育机构的授课时间、教师人数、教师资格等必要条件进行了规定。1989 年 5 月，为了配合文部省规定的新基准，经文部省和法务省协商，决定将文部省指导下设立的全日语协和法务省指导下的外就协合并，设立日语教育振兴协会（以下简称"日振协"）。设立日振协的目的是为了"提高日语教育机构的质量、振兴对外国人的日语教育事业"，并强调要给"以学习日语为目的的来日外国人创造安心的学习环境"。[①] 日振协最初是作为任意团体而设立，1990 年 2 月进行了体制改革，成为由文部省、法务省、外务省三省共同管辖的财团法人。

日振协自创立以来，以日语教育机构的审查、认定工作为主，通过和海外教育行政机构合作，促进留学生的接收，防止非法滞留与犯罪，开展各种课题充实日语教育，并为留学生提供奖学金，努力提高日语教育机构的质量，创造安心学习环境。

1. 日语教育机构的审查和认定

日振协成立后的第一项工作就是对日语教育机构进行审查、认定。

---

① ［日］财团法人日语教育振兴协会 20 周年纪念志编集委员会：《日语教育振兴协会 20 年的历史》，日语教育振兴协会，2010 年，第 21—22 页。

从 1989 年到 1990 年，共审查 450 所学校，其中 345 所通过认定。^①认定有效期为 3 年，各教育机构需每隔 3 年重新接受审查、认定。1991 年春，日振协发行《日语教育设施要览》，公布了审查合格的认定机构名单，并制作成英文版、汉语版和韩语版。这些认定机构的经营性质以股份公司居多，占 7 成。一些机构虽然被认定，但是由于学生数量低于预期而关闭或停办，实际上能够维持经营的教育机构数逐年减少，1991 年为 463 校，1992 年为 433 校，1993 年为 407 校，1994 年为 365 校。为了提高日语教育机构的质量，日振协于 1993 年开始了日语教育机构实态调查。同时，文部省又重新修订了《日语教育设施运营基准》，规定日语教育机构必须拥有自己的校舍、每 20 名学生配备 1 名教师、增设主任教师等。根据文部省的新规，1994 年 8 月，日振协也重新改定了审查基准，并一直沿用至今。

2. 提高日语教师的水平

日振协自成立以来，与审查、认定日语教育机构并重的事业就是加强日语教师的研修事业。1990 年 3 月，日振协在东京外国语大学召开了日语教师研究协议会，以日语教育机构中的主力教师、班主任为对象，讨论了关于教材使用、授课方法等课题，并决定每年定期举办一次该会议。1993 年，日振协建立了教育讨论员制度，讨论员通过直接访问日语教育机构的校长、生活指导负责人，进行意见交换、提出建议并给予指导。从 1997 年开始，日振协连续 4 年主持召开了日语教育讨论会，将全国日语教育机构的校长、教务主任汇聚一堂，展开学校间的自由对话，取得良好的效果。

3. 促进接收与支援留学生

在日本政府提倡"10 万留学生"政策的背景下，日振协在中国、韩国、

---

① [日]财团法人日语教育振兴协会 20 周年纪念志编集委员会：《日语教育振兴协会 20 年的历史》，日语教育振兴协会，2010 年，第 23 页。

东南亚各地通过召开日本留学说明会、与当地教育行政机构合作，以及通过当地日本大使馆、领事馆、国际交流基金等事务所、当地政府机关、民间留学中介机构等，介绍日本留学、日语教育机构情况，以吸引更多的学生赴日留学。2006 年，日振协与中国教育部学位中心签订了认证系统协定书，简化了中国留学生的成绩认定手续，促进了中国学生赴日留学。日振协在推进和海外留学机构合作的同时，不断对日语教育机构的学生募集、入学考试、在籍管理等进行合理化，并通过扩大奖学金制度、建立住宅补偿、灾害补偿等措施，实施各种支援政策。从 1996 年开始，日振协对留学生的生活状态进行调查，包括留学生的居住环境、学费、生活费等经济状况以及毕业后的出路等。在日振协的努力下，更多的留学生获得了补助金或奖学金。2002 年，日振协对所有会员校进行了问卷调查，并于翌年设立了学生灾害补偿制度，努力为留学生创造更加安心的留学环境。

此外，日振协还在完善日语教育信息系统、研究开发日语教材、与大学、专科学校合作等方面开展了大量工作。

二、日语教育学会

1962 年，30 名日语教师与日语相关研究人员发起创立了为了外国人的日语教育学会，召开第一次研究例会，并刊发了《为了日语教育》与《日语教育学会会报》。1963 年，召开为了外国人的日语教育讲习会。从 1964 年开始，每年协助文部省、国际交流基金承办各种研修会，并协助文部省出版《为了外国人的日语读本》（初级、中级）。1976 年 3 月，经外务省、文部省许可，正式成立社团法人日语教育学会，会长为小川芳男。学会的创建宗旨是以外国人为对象促进与振兴日语教育，在发展本国教育、学术的同时加强国际理解与学术交流。

学会的主要工作包括：①召开日语教育相关的研究会、教师研修会、演讲会等；②对日语教育进行调研、收集整理提供日语教育的相关资料与信息；③协助国际交流基金，进行日语能力考试相关信息调研；④联络国内外日语教育团体，合作或协助召开国际会议，促进国际交流；⑤编辑发行《日本语教育》期刊；⑥制作《日本事情系列》《日本地理》《东京》《新干线》《日本人的一生》等辅助教材，出版《日语教育事典》《日语教育相关机构一览》等书籍。

1980年，该学会获得国际交流基金的国际交流奖励奖。2013年，日语教育学会变更为公益社团法人。截至2014年4月1日，该学会拥有会员总数达4077个，其中个人会员3880人，团体172个。[1]

三、语言文化研究所

语言文化研究成立于1946年3月，属于民间团体。其前身为日语教育振兴会。理事长为长沼直兄。该研究所主要工作包括：

（1）1948年建立附属东京日本语学校，当时有学生本科150名，别科120名。1978年6月和10月分别受到文化厅与国际交流基金的表彰与奖励。现有学生500名，教师100名。[2]

（2）从事日语教育的研究：发音矫正法，编写辅助教材，开发磁带教材，研究教学方法，进行外语比较研究。

（3）日语教师培养讲习会。从1950年开始，每年夏季召开，为期一周。接受培训的教师从1952年开始组成日语教师联盟，截至1982年教师达到1800名。[3]

（4）1970年开始发行机关刊物《日语教育研究》。

四、国际日语普及协会

经文部省许可，社团法人国际日语普及协会（AJALT）于1977年成立。该协会的宗旨是：通过日语教育，传播日本和日本文化，让世界更

---

① 《会员概况》，日语教育学会主页，http://www.nkg.or.jp/guide/20140401kaiin.pdf。
② 《学校概要》，东京日本语学校主页，http://www.naganuma-school.ac.jp/jp/school/index.html#outline。
③ [日]日语教育学会编：《日语教育事典》，大修馆书店，1993年，第721页。

多的人深入了解日本和日本社会。^①协会的主要工作包括：

（1）教师研修。从 1977 年开始协会每年召开《AJALT 公开讲座》，1981 年 7 月开始协助各地的国际交流团体等开办日语教师培养讲座，负责规划和派遣日语讲师。2001 年 6 月，受文化厅委托，开展《地区日语教育支援协调研修》，以及日语教育咨询业务。

（2）提供日语教育。1980 年 2 月，在财团法人亚洲福利教育团难民事业部的运营下开始对中南半岛难民提供日语教育。1992 年 3 月，受国际研究协力机构委托，该协会对技术研究生进行日语教育。2003 年 9 月，在亚洲福利教育团难民事业部的运营下开始为条约难民提供日语教育。

（3）开发教材和出版刊物。协会先后出版了 *Japanese for Busy People*《实践日语——技术研究篇》《最爱汉字》等系列教材。2007 年 5 月，还制作了 DVD 教材《欢迎！来樱花小学～大家都是好朋友》。此外，该协会还从 1978 年 5 月开始发行机关刊物《AJALT》，2002 年 8 月又创刊《AJALT 日语研究志》。

（4）支援在外国人。针对近年来在日定居外国人增多的情况，该协会通过开展介绍日语、日本文化的活动，帮助其更好地适应日本社会。

此外，该协会在对外宣传、调研等方面也做了大量的工作。协会的工作受到社会各界的认可，1992—2003 年先后获得国际交流奖励奖、内阁总理大臣奖、博报奖、日语教育学会奖等荣誉。2010 年 7 月，经内阁总理大臣的认定，其性质改为公益社团法人。

五、国际研修协力机构

国际研修协力机构（JITCO）是由法务省、外务省、厚生劳动省、经济产业省、国土交通省五个省于 1991 年共同成立并管理的财团法人，

---

① 《概要》，国际日语普及协会主页，http://www.ajalt.org/about/profile/。

2012 年 4 月变更为公益财团法人。设立 JITCO 的目的是通过有效及合理
的扶持措施促进外籍人士技能实习制度的实施。[①] 为了使外国技能实习
生能够更好地学习产业上的技能、技术、知识，学习日语是非常重要的。
国际研修协力机构主要在以下方面开展日语教育：

（1）支援技能实习生的日语教育。向监理团体、实习实施机构，
以及派出机构提供日语教育支援。如宣传日语教育支援体系的利用、召
开日语教育指导讨论会、与日语指导顾问电话交流等。此外，为了提高
技能实习生、研修生的日语能力，JITCO 每年还开展日语作文比赛，并
对优秀作品进行表彰。

（2）提供日语教材与学习资料。JITCO 专门以技能实习生为对象，
开发了专用教材，如《外籍技能实习生的专用语对译集》《新实践日语》
等，并建立了网络资料库"JITCO 日语教材广场"，刊载了大量的日语
教材与相关信息，并提供免费下载。

（3）进行日语教育实态调查。为了掌握外籍研修生的日语教育实
际情况，积累资料，JITCO 每隔三年对外籍研修生、技能实习生的日语
使用状况与存在的困难，进行实态调查。

六、日本国际教育支援协会

1957 年，由日本 6 家民间企业出资成立了财团法人日本国际教育
协会（AIEJ）。该协会的宗旨是促进教育、学术的国际交流，特别是留
学生之间的交流，增进国际间理解。[②] 其主要事业是援助留学生医疗费
以及住宿费，经营留学生会馆（驹场留学生会馆和关西留学生会馆），
提供补助金，指导日语学习等。2004 年，日本国际教育协会与特殊法人
日语育英会、财团法人内外学生中心、财团法人国际学友会、财团法人

---

① 《JITCO 的目的和作用》，国际研修协力机构主页，http://www.jitco.or.jp/about/gaiyo_
mokuteki.html。

② ［日］日本国际教育支援协会：《日本国际教育支援协会组织和事业（2014）》，http://
www.jees.or.jp/about/document/JEES_2014.pdf，第 4 页。

关西国际学友会进行业务整合，改组为财团法人日本国际教育支援协会（JEES），并与独立行政法人日本学生支援机构一起开展工作。2012 年 1 月 4 日，该协会变更为公益财团法人。JEES 的主要工作包括：①在国内举行日语能力考试、日语教育能力考试；②支援留学生学习、生活，为留学生提供奖学金、紧急贷款、灾害补偿；③经营留学生会馆，并为留学生提供住宅补偿金；④支援留学生的国际交流，提供会场。

此外，国立大学日语教育研究协会、日本私立大学团体联合会、大学日语教员培养课程研究协会也以定期召开会议的形式，组织留学生、日语教师进行交流，探讨留学生的日语教育。

第三章 日语教育国际化的教学体系

在日语教育的推广进程中，各机构各部门采取了一系列措施不断完善教学体系。在教师培养上，通过建立教师培养制度、检定制度、规范教师培养内容、召开各种研修会、参加各种教育机构的课程与培训，保证和提高日语教师的师资质量。在教材编纂上，日语教育机构、国际学友会、文部省、海外技术者研修协会、国际交流基金，以及讲谈社、大修书店、学研社、凡人社等均出版了大量的日语教科书，并为教师提供了丰富的教学素材和实例。在教学内容上，增加对日本社会风情的介绍，力图通过日语教学传播日本文化，加强对日本的理解。在教学方法上，通过不断引进欧美最新外语教学理论，探索新的日语教授方法，努力根据学习者的实际情况使用最合适的教授法和技巧。

第一节 日语教师的培养

在日语教育中，教师的作用至关重要。增加教师数量、提高教师质量和能力是提高日语教育水平的重要环节。

一、日语教师培养的制度安排

有组织地培养日语教师最早始于 20 世纪 40 年代前后，由当时的日语文化协会与日语教育振兴会负责。二战后，语言文化研究所附属东京日语学校继承了该事业，于 1950 年召开了第一次日语教师夏季讲习会。此后，日语教育学会、文部省、文化厅、国际交流基金等也纷纷组织各种形式的教师培训。如，1963 年日语教育学会举办了为了外国人的日语教育讲习会；1964年文部省举办了日语教育研修会；1967年文部省举办了留学生担当者研修会；1973年国际交流基金举办了第一次海外派遣日语教师研修会与第一次海外日语教师研修会；1976年文化厅召开第一次日语教育研究协议会、国立国语研究所开始了日语教育长期专门研修活动等。

同时，一些大学还通过开设日语专业学科，培养日语教师。例如，东京外国语大学于1968年设置特设日语学科，1975年又设置日语学专业硕士课程；大阪大学于1975年设置日本学硕士课程；天理大学于1976年设置日语教师培养课程。随着日语学习者的增多，一些民间机构也开始了日语教师培养讲座。例如，1974年，朝日文化中心开始举办日语教师培养讲座等。

1974年，日语教育推进对策调查会发表题为"促进外国人的日语教育具体对策"的报告书，并于翌年再次发布《日语教师必要资质、能力及提高对策》的文件，提出在提高日语教师资质和能力的同时，要从制度上、内容上改进日语教师的培养、研修等建议，并应考虑在将来设置日语教师资质、能力的基准，并进行能力考核。

1983年，在中曾根康弘首相"10万留学生接收计划"的大背景下，日语学习者急剧增加，日语教师出现严重不足。1985年，国立大学也开始以日本人为对象开设日语教师培养课程，如筑波大学开设了第二学科日语·日本文化学。同年，为了规范日语教师培养的教育内容与基本标准，文部省颁布了《关于日语教师培养》的文件，提出"日语教师培养的标准化教育内容"。1987年，文部省又制定了《日语教师检定制度》，提出日语教师检定制度的考试出题范围，并于翌年开始实施第一次日语教育能力检定考试。这一制度自实施以来，在大学以及普通日语教师培养机构的大部分日语教师培养课程、讲座中广泛推广，对进行规范教育，确保日语教师的教学水平发挥了重要作用。

这一时期，一些民间日语学校由于授课水平低而遭到学生抗议、出现返还学费、不法就劳等社会问题。针对这一情况，1988 年，文部省日语学校标准调查研究合作者会议通过《日语教育设施运营相关标准》，在设置日语学校运营标准的同时，也规定了日语教师的资质要求。

2000 年，日语教师培养调查研究合作者会议发布了《日语教育的教师培养》报告书。该报告书对此前的"日语教师培养标准教育内容"进行了修改与完善，以改善教育内容和教授方法，适应多样化的学生需求。

2001 年，日本教育机构提出了三个文件，对日语教师的资质进行了严格规定。这三个文件分别是日语教师培养课程调查研究委员会出版的《关于大学日语教师培养必备之新教育内容和方法的调查研究报告书》，日语教育振兴协会和关于日语教育设施中的教师培养教育课程调查研究委员会发表的《日语教师设施中的日语教师培养》，以及日语教育考试改善调查研究合作者会议发表的《关于改善日语教育考试——以日语能力考试・日语教育能力检定考试为中心》。这三个文件都将日语教育能力检定考试作为日语教师培养必备教育内容，确定了日语教师应具备的知识水平，并提出了新的出题范围及标准。[1] 从 2004 年 10 月开始至今，日语教育能力检定考试均依据该标准和出题范围。

二、日语教师培养的基本内容

关于日语教师的培养内容大致有过两次规范。一次是 1985 年，文部省发布《关于日语教师培养》，提出"日语教师培养的标准化教育内容"。规定日语教师要从 5 个方面进行培养，分别是：①关于日语的构成体系及具体知识；②关于日本人的语言生活等知识和能力；③日本国情；④语言学的知识和能力；⑤关于日语的教授知识和能力。同时要求大学本科日语教育专业要修满 45 学分，辅修至少修满 26 学分，一般日语教师

① ［日］河野俊之、金田智子编集：《日本语教育的过去・现在・未来》（第二卷），凡人社，2009 年，第 35 页。

培养机构要学满 420 学时。

随着日语学习者的多样化需求与日语教授方法的日益改善，2000 年日语教师培养调查研究合作者会议发表《日语教育的教师培养》报告书，决定修改此前实施的"日语教师培养标准教育内容"，实施"从基础到应用可以选择的教育内容"。新的培养内容不再要求学习多少学分与学时，而是对学习内容提出了更为具体的规范，各教师培养机构可以根据实际情况自主判断和选择。该报告书认为日语教师的资质和能力首先最基本的是能正确理解运用日语，并具备：①作为语言教育者必备的与学习者实际沟通的能力；②对多种语言的关心与敏锐的语感；③作为国际活动教育者的丰富的国际化感觉与人性；④日语教育专家的职业专业性与热情。新培养内容具体如表 3.1 所示：

表 3.1 培养日语教师必备的教育内容

分区		内容	关键词
社会文化	世界与日本	历史 / 文化 / 文明 / 社会 / 教育 / 哲学 / 国际关系 / 日本国情 / 日本文学	世界史 / 日本史 / 文学 / 艺术 / 教育制度 / 政治 / 经济 / 贸易外交 / 人口动态 / 劳动政策 / 日本的经营 / 全球标准 / 社会习惯 / 时事问题
	接触异国文化	国际合作 / 文化交流 / 留学生政策 / 移民·难民政策 / 研究生接收政策 / 外国籍子弟学生 / 归国子弟学生 / 地区合作 / 精神卫生	国际机关 / 技术转让 / 出入境管理 / 外国人就业 / 共生社会 / 难民条约 / 儿童权利条约 / 国籍 / 少数民族 / 适应异国文化 / 心理咨询 / 政府开发援助 / 非政府组织 / 非营利民间组织
	日语教育的历史和现状	日语教育史 / 语言政策 / 教员培养 / 学习者的多样化 / 教育哲学 / 学习者的演变 / 日语考试 / 各国语言考试 / 世界各地的日语教育情况 / 日本各地区的日语教育情况	第二次世界大战 / 国际通用语言 / 日语教员培养讲座 / 留学生 / 就学生 / 技术研修生 / 中国回国者 / 难民 / 出入境管理及难民认定法（入管法）/ 地区的日语教育 / 日语教育能力审定考试 / 日语能力考试 / 日本贸易振兴会商务日语能力考试 / 美国外语教学委员会 / 托福考试 / 国际交流英语考试 / 实用英语技能检定

续表

分区		内容	关键词
语言和社会	语言和社会的关系	语言和文化 / 社会语言学 / 社会文化能力 / 语言接触 / 语言管理 / 语言政策 / 语言社会学 / 教育哲学 / 教育社会学 / 教育制度	世界观 / 宗教观 / 法律意识 / 自我概念 / 个人主义 / 集体主义 / 官方语言 / 方言 / 语言生活 / 外语和第二语言教育 / 混杂英语和混合语 / 两种语言并用 / 两种语言合用
	语言的使用和社会	语言变种 / 性别差异和年代差异 / 地区语言 / 待遇和礼貌 / 语言和非语言行为 / 沟通和战略 / 地区生活相关信息	语用学规定 / 内和外 / 授受动词 / 会话的规定 / 元语言 / 沉默 / 意志决定 / 交涉 / 事前疏通 / 书面请示 / 时间和空间意识 / 真心话和场面话 / 人称代名词和亲属名称、称呼 / 隐喻 / 说话的行为（委托、借口、感谢、约定、赔礼道歉等）/ 指标 / 终助词
	异文化的沟通和社会	接纳并适应异文化 / 语言和文化的相对主义 / 本民族中心主义 / 主体性 / 多文化主义 / 异文化间的宽忍 / 语言的意识形态 / 语言的选择	附上含义 / 规则转换 / 笔译 / 口译 / 二元文化的格律 / 人类文化语言学和生命力 / 衡平法 / 共生 / 文脉 / 异文化交涉 / 国际合作
语言和心理	理解语言的过程	理解语言 / 理解谈话 / 预测和推测能力 / 记忆 / 观点 / 学习语言	记忆（间接记忆和动机记忆）/ 图表 / 自上而下和自下而上处理 / 推论
	语言的学习和发展	幼儿语言 / 学习过程（第一语言和第二语言）/ 中间语言 / 丧失语言 / 熟练运用两种语言 / 学习过程 / 学习者的类型 / 学习策略	第一语言和第二语言 / 假设相互依存 / 归纳性学习法和演绎性学习法 / 语言转移 / 含义过滤 / 发育障碍 / 学习障碍（LD）/ 语言病理 / 沉默期
	异文化的理解和心理	异文化间的心理学 / 社会性技能 / 集团主义 / 教育心理 / 日语学习和教育方面情意性的一面	文化冲击 / 文化摩擦 / 中止判断 / 异文化练习 / 自我宣告

续表

分区		内容	关键词
语言和教育	语言教育法和实习	实践性知识 / 实践性能力 / 自我检查能力 / 教学计划 / 课程设计 / 班级活动 / 教学法 / 评价法 / 学习者信息 / 教育实习 / 教育环境 / 各地区各年龄段的日语教育法 / 教育信息 / 需求分析 / 误用分析 / 教材分析和开发	教室研究 / 行动研究 / 团体动力学 / 戏剧 / 角色扮演 / 演说 / 辩论 / 讨论 / 多语言多文化 / 相互作用 / 教师的自我研修 / 沟通和试验 / 评估 / 文件夹 / 教学大纲 / 做好学习准备
	异文化教育和沟通教育	异文化间的教育 / 多文化教育 / 国际教育和比较教育 / 国际理解教育 / 沟通教育 / 演说和沟通 / 异文化沟通训练 / 开发沟通 / 异文化管理 / 异文化心理 / 教育心理 / 语言间的对比 / 学习者的权利	异文化训练 / 保持母语 / 授权 / 加法性和减法性的双语并用 / 语言转移 / 相互学习 / 学习体验 / 沉浸式强化教育 / 危机事件 / 教养和同化 / 中止判断 / 后援者
	语言教育和信息	开发教材 / 选择教材 / 教育工程学 / 系统工程学 / 统计处理 / 媒介和读写能力 / 信息读写能力 / 多媒体	教材 / 教学用具 / 媒介 / 目录 / 联络网 / 视觉听觉信息 / 语言集成 / 计算机辅助教学、计算机辅助语言学习、计算机管理教学 / 卫星通信 / 后援者 / 知识产权 / 著作权
语言	语言的一般结构	一般语言学 / 世界诸多语言 / 语言的类型 / 声音的类型 / 形态（词汇）的类型 / 结构的类型 / 语义学的类型 / 语音和语法	语系 /SOV 语言和 SVO 语言 / 音节语言 / 黏着语 / 高文脉 / 相对敬语 / 说话行为 / 礼节 / 对位语言 / 非语言 / 发音文字和发意文字 / 类型学
	日语的结构	日语的系统 / 日语的结构 / 音韵体系 / 形态体系和词汇体系 / 语法体系 / 含义体系 / 语用学的规范 / 书写 / 日语史	南方论和北方论 / 音位 / 语调 / 声调 / 词素 / 构词 / 文节 / 词性分类 / 语法 / 命题 / 形态 / 文章词语构造 / 语用论的功能 / 言语行为 / 语相 / 待遇表现 / 方言 / 性别差异
	语言研究	理论语言学 / 应用语言学 / 信息学 / 社会语言学 / 心理语言学 / 认知语言学 / 语言地理学 / 对照语言学 / 计量语言学 / 历史语言学 / 沟通学	调查分析法 / 调查工具 / 调查疑问 / 论文的书写方法 / 发表形态 / 学会
	沟通能力	接受理解能力 / 表达能力 / 语言运用能力 / 谈话结构能力 / 议论能力 / 社会文化能力 / 人际关系能力 / 异文化调整能力	4 项技能 / 纠纷处理（管理） / 公开 / 构筑、维持人际关系 / 修复关系 / 中止判断 / 日语能力 / 外语能力

资料来源：[日]河野俊之、金田智子编集：《日本语教育的过去·现在·未来》（第二卷），凡人社，2009年，第32—34页。

第二节 国际化日语教材的编撰

日语教科书、教材的制作发行机构主要有两大类：一类是日语教育实施机构，如大学、日语学校等；另一类是不进行实际教学的其他机构，如国际学友会、文部省、海外技术者研修协会、国际交流基金，以及讲谈社、大修书店、学研、凡人社等出版社。

一、日语教育机构制作的教材

（一）语言文化研究所附属日本语学校

谈及日语教科书，一个重要的人物不可省略，那就是长沼直兄①。他从 1923 年担任驻美大使馆日语教官开始，就致力于编写日语教材，曾完成《标准日本语读本》（7 卷本）。二战后，长沼就任语言文化研究所附属日本语学校的校长，他在整顿学校的同时，继续教材的编写与修订的工作。其编写的教科书在二战后初期被日本国内外广泛使用，在日语教学上做出了重要贡献。长沼编写的教科书主要包括：

（1）*Basic Janpanese Course*（《基础日语课程》，1950 年），这是一部初级日语会话教科书，主要采用问答形式、由基本句型、会话、英语翻译等构成，其编排体例影响深远，此后出版的初级教科书也多参照此书的构成体系。

（2）《标准日本语读本》（五卷本，1964—1967 年）。1952 年，长沼完成了《标准日本语读本》第 8 卷。从 1964 年开始，又陆续将 8

---

① 长沼直兄（1895—1973），1919 年毕业于东京高商（现一桥大学），1923 年担任美国驻日大使馆日语教师，开始编纂标准日语读本（7 卷），该书在第二次世界大战中广泛应用于日本占领区的日语教育中。1939 年，受文部省委托，致力于编集占领区日语教材。1941 年，担任日语教育振兴会的理事兼总主事，为日语教育的发展做了大量工作。二战后，以语言文化研究所的理事长、驻日美军总司令部顾问、参谋第二课日本地区语学科主任、东京日语学校校长等身份，继续开展日语教材的编写与日语教育的推广。1965 年，由于在日语教育推广上的贡献，获得勋三等瑞宝章的奖励。1973 年 2 月，因心肌梗死死世。

卷本修订为 5 卷本，重新出版。这套教材受到很高评价，堪称经典，直到 20 世纪 80 年代之前一直被日本国内外广泛使用。

长沼直兄去世后，80 年代，语言文化研究所附属东京日本语学校开始继续编纂新教科书。主要有：

（1）《长沼现代日本语 1、2、3》（1982 年、1983 年、1985 年），其中 1、2 是由长沼直兄生前执笔、3 是由木村宗男等其他该学校教师继续完成的。1 大体上继承了 *Basic Janpanese Course*（《基础日语课程》）的内容，2 选用了新题材，但文法词汇水平基本和《标准日本语读本·卷二》一致。

（2）《长沼·新现代日本语 Ⅰ、Ⅱ、Ⅲ、Ⅳ》（1988 年、1988 年、1991 年、1992 年），由长沼守人、木村宗男、山下秀雄为中心编纂。该书一大特色是除了配备英语版，还制作了汉语版、韩语版，突破了之前"长沼系列"只有英语版的局限，开启了根据学习者母语分别制作教材的先例。

（3）*Communication Japanese Style* Ⅰ、Ⅱ、Ⅲ、Ⅳ（《日语沟通 Ⅰ、Ⅱ、Ⅲ、Ⅳ》）(1987 年、1988 年、1989 年、1990 年)，是面向以研究、研修、企业实务等为目的的日语学习者开发的集中课程教材。在完整教授基本文法的同时，非常注重口语交流方面的惯用表现与应答。

（二）高等教育机构

日本的高等教育机构所编撰的日语教材种类较多，在此仅介绍几种具有代表性的教材。

国际基督教大学于 1963 年、1966 年、1968 年分别出版了 *Modem Japanese for University Students Part 1-3*（《大学生现代日语 1-3》），主要由该大学语学科日语研究室小出词子、奥津敬一郎等编写。这套教材被认为与以往的直接教学法截然不同，是二战后新式教科书的开端。由于是教会学校编写使用的教材，更多以懂英语的留学生为对象，因此该书的配套练习都是英译日，难度较大，但对于日英比较、对照学习则具有积极的意义。

1965 年，上智大学出版了 *Anthony Alfonso Japanese Language Patterns*（《安东尼日语句型》）（Vol.1、Vol.2），这是一套用英语来解说日语文法的教科书。该书没有会话与读解文，只有单词形态和句型样式练习，是以文法为中心的日语教科书，颇具特色。例如，第一课中没有讲名词，而是直接提出动词，这种编排在当时的同类教材中极为罕见。

1967 年，早稻田大学语学教育研究所出版了《外国学生用日本语教科书初级》，这套教材包括主教材、单词本、汉字学习本、练习册、语法解说、电化教科书等配套用书。该书于 1964 年完成，经过 3 年的使用修订，于 1967 年初正式出版发行，1971 年再版，颇受外国留学生的欢迎。

1967 到 1968 年，大阪外国语大学留学生别科日语研究室先后编写了 *Basic Japanese; Intensive Course for Speaking and Reading*（《基础日语：听说密集课程》）（Vol.1、Vol.2）和 *Intermediate Japanese*（《中级日语》）（Vol.1、Vol.2）。这两套书不仅教授日语教育文法，还涉及一般日语文法理论方面，并用英语、西班牙语来进行文法解释，简明扼要。该书作为文法大纲的教科书，对战后日语教科书的编撰颇具影响。

二、其他机构制作的教材

（一）国际学友会

二战后日语教育复兴时期具有代表性的日语教科书，除长沼直兄编写的教材之外，当属国际学友会编写的教材。国际学友会成立于 1935 年 12 月，是为开展外务省文化事业部的工作而成立的财团法人。其业务主要包括开展大学预备日语教育、为自费留学生提供宿舍、升学指导等。1954 年至 1959 年，国际学友会（铃木忍和阪田雪子等）对二战前的日语教科书进行了重新修订、编写，先后出版了《日语的说话方式》

《日语读本1—4》《读法》等。《日语读本1—4》是继承改编了1941至1943年发行的《日本语教科书卷1—5》，以读写为中心的综合日语教科书，二战后三十余年在海内外广泛使用。

二战后的日语教育经过20世纪五六十年代的复兴期之后，进入了发展扩大期。国际学友会及其相关人员又出版了大量日语教科书，主要包括：

How To Use Good Japanese（《如何用好日语》）（国际学友会日本语学校编，1973年），由伊藤芳照、椎名和男、富田隆行等执笔，供海外短期日语学习者使用。《为了中国人的日语》（国际学友会日本语学校编，1974年），由高桥一夫、铃木忍等编写，以海外汉字圈学习者为对象（主要是中国），配有简体字的汉语翻译和文法解说。《日本语Ⅰ、Ⅱ》（国际学友会日本语学校发行，1977年、1983年），该教材的特点是根据教学实际情况，采用罗马字与汉字混合两种表记方式，以减轻学习者文字学习负担。《日本语Ⅰ、Ⅱ、Ⅲ》（东京外国语大学附属日本语学校编，1973年、1976年），是由国际学友会日本语学校的铃木忍转职到东京外国语大学附属日本语学校后编写的，实际上也是国际学友会系列的教科书。以该书为基础，经过东京外国语大学附属日本语学校其他教师共同编集，1990年出版了《初级日本语》。《日本语中级Ⅰ》（东海大学留学生别科编，1979年），以国际学友会出身的下濑川惠子为中心编集，是继承国际学友会日语读本系列形式的中级读解教材。《现代日本语》（亚细亚大学留学生别科发行，1981年），由国际学友会出身的富田隆兴执笔、编集，并在书后附有单词索引。《日本语初步Ⅰ、Ⅱ》（国际交流基金编，1981年），由铃木忍和川濑生郎执笔，以海外一般成人学习者为对象的教科书。《日本语中级Ⅰ》（国际交流基金日本语国际中心编，1990年），是《日本语初步Ⅰ、Ⅱ》的后续教材，由川濑生郎、伊藤芳照、小出庆一、才田いずみ共同编写。

（二）文部省

1968 年，文部省邀请铃木忍等国际学友会、东京外国语大学、千叶大学、国际基督教大学、早稻田大学、庆应义塾大学、东海大学等教师共同编写出版了《为了外国人的日语读本》（初级、中级、高级）。该书供学习者作为副读本自学使用，课文内容多选自中小学国语教科书以及一般读物，按照难易程度分三册构成，可满足不同学习者需求。不过，由于是集体编写，教师之间存在理念差异，该书亦有很多不足。

（三）海外技术者研修协会

海外技术者研修协会负责对技术研修生进行集中短期日语教育。1967 年，该协会出版了《实用日本语会话》，当时该书选用的基本句型和单词过多，只有英语翻译和解说，存在很多不足。20 世纪 70 至 80 年代，协会又出版了《日本语的基础Ⅰ、Ⅱ》，并于 90 年代初重新修订为《新日本语的基础Ⅰ、Ⅱ》，该书配有 11 种语言分册，5 种语言的文法解说，被海外广泛使用。

（四）国际交流基金

为满足各国日语学习者的不同需求，国际交流基金日语国际中心按照不同国别地区，通过自主开发、协助开发等方式，制作了大量印刷、影像、网络等各种教材，被世界各地广为使用。其中比较有代表性的如表 3.2 所列。

表 3.2 国际交流基金开发日语教材概况

书名	出版时间	概况
《日语假名入门》	1978 年	该书是学习平假名与片假名的教材。配有录音卡带与练习，可供自学使用。至今已出版了 12 种语言版本
《日语发音》	1978 年	该书是训练日语发音用的教材。从音节发音到单词发音，可以一边利用解说，一边练习。至今已出版了 11 种语言版本

续表

书名	出版时间	概况
《日语汉字入门》	1978 年	该书是学习日语初级阶段需掌握的 500 个汉字的教材。至今已出版了 12 种语言版本
《日语会话入门》	1978 年	该书是用葡萄牙语、印度尼西亚语出版的日语会话入门书。可供自学
《日语初步》	1981 年	该书是为海外日语学习者编写的初级日语教科书，可以综合学习"听、说、读、写"。配有练习册、录音卡带等相关教材，并制作了多种语言版本，在日本、韩国、中国、泰国、印度、意大利出版使用
《基础日语学习辞典》	1986 年	该辞典是精选日语学习者初级阶段需要掌握的 3000 个语汇，通过丰富的例句来进行解说，卷末还附有各国语言的日语文法解释。截至 2011 年 11 月，已制作 16 种语言，在世界各地出版发行
《邀请日语——文法和单词》	1989 年	该书是为比较关注日语知识的学习者制作的日语学入门书。有日语版、英语版、匈牙利语版、德语版
《日语中级》	1990 年	该书是《日语初步》的后续教材，以海外中级日语学习者为对象，通过"听、说、读、写"四大技能的养成，达到能够进行一般日语会话、理解文章的能力。该书也配有练习册、录音卡带等相关教材，并制作了多种语言版本，在日本、韩国、中国出版使用
《初级日语演讲——系统叙述国家社会文化》	2004 年	该书是关西国际中心以外交官、公务员为对象开发的日语教材，是使初级水平的成人日语学习者能够迅速掌握特定话题的以口语训练为主的教材
《艾琳学日语》	2006 年	该教材始于 2006 年 6 月电视语言节目，之后在世界各地播放。2007 年凡人社发行全 3 卷的 DVD 教材，2010 年网络公开，通过各种媒体，被世界上的日语学习者和对日本文化感兴趣的人广泛利用。目前，该教材已在 12 个国家使用
《为了外国人的看护、护理用语集 日语护理导航 英文版》	2009 年	该书是以看护、护理用语，工作中与患者的日常交流、问答，同事之间的交流等为内容的教材，收录了约 2500 个单词和表达。可以通过场景、英语、日语三个要点进行查询
《完整日本的语言和文化》	2013 年	该书以成人学习者为对象，旨在通过学习日语、日本文化实现即使没有去过日本也能有切身感受、增强异文化理解的目的

资料来源：[日]国际交流基金日本语国际中心主页，http://www.jpf.go.jp/j/urawa/j_rsorcs/j_rsorcs.html。

除了上述日语学习教科书之外，国际交流基金还制作了大量面向教师的日语教学类书籍，如《国际交流基金日语教授法系列》《阿阳和日本的人们》《日语激动体验交流活动集》《制作教科书》《教师用日语教育手册》《儿童学生的日语活动集》《日语教师必备教材》等。

国际交流基金除自主开发教材之外，还大力协助世界各国分别开发各类教材。以中国为例，据统计，截至 2013 年，国际交流基金通过经费支援以及人员支援，协助开发的教材有六十余部。[①]

三、日语教材内容的改革

为适应日语教育的国际化进程，随着时代的发展，日语学习者日趋多样化，各种新型日语教材也应运而生，日语教学内容也发生了显著的变化。

第一，从注重单词语法的学习到注重听、说、读、写、译的全面能力培养。从二战后到 20 世纪 80 年代，日语教科书的一大特点就是非常注重单词文法的学习，甚至每一课书中都会专门提示该课涉及的必修句型。其典型代表作包括《日本语的基础Ⅰ、Ⅱ》（海外技术者研究协会编，1872—1981 年）、《日本语表现句型Ⅰ、Ⅱ》（筑波大学日语教育研究会编，1983 年）、《日本语》（开拓社发行，1985 年）等。到了 20 世纪 90 年代，日语教科书逐渐加强对听说能力的重视。不仅注重发音的训练，更致力于通过丰富的听说练习满足学习者的多种需求。这类教材主要有《通过采访学日语》（堀歌子等著，1991 年）、《每日听力 50 日》（河原崎干夫监修，1992 年）、《每日听吧Ⅰ、Ⅱ》（文化外国语专门学校编，1992 年）等。

第二，从单纯学习语言到历史文化社会风情的了解。20 世纪 70 年

---

① 国际交流基金日本语国际中心主页，http://www.jpf.go.jp/j/urawa/j_rsorcs/china.html。

代后期，随着日语教育国际化推广的日益深入，日语教育学会开始开发介绍日本社会风情的日本世情类教材。如《日本地理》（1978年）、《东京》（1978年）、《新干线》（1979年）、《日本人的一生》（1980年）、《日本广播》（1983年）、《日本历史》（1988年）等。除了日语教育学会编撰的系列教材外，这类教材还有《读日本——日本社会文化历史》（氏家研一编，1990年）、《日本生活事情》（日文报社编辑部，1991年）、《了解日本——365日生活》（板坂元、关正昭编，1992年）等。

第三，从单一语言知识到实用性日语的转变。1983年，文化厅出版了《为了中国归国者的生活日语Ⅰ、Ⅱ》，该书以归国人员为对象，围绕这些人在日常生活中必不可少的语言场景专门编写。1984年，国际协力事业团还专门为研修人员编写了《为了技术研修的日本语》。此外，这类教材还有《为了理科生的科技日语指南》（羽田野洋子等编，1992年）、《用日语学习日本经济入门》（野沢素子等编，1992年）、《通过朝日新闻读日本》（伊藤博子等编，1990年）等。

近年来，在日语教育国际化的进程中，日本特别重视在教授语言的同时，对外传播日本文化，以形成日本的软实力。2013年，国际交流基金北京日本文化中心出版了《艾琳学日语》，该教材通过在日本高中留学的艾琳在学校、寄宿家庭以及日常生活中使用日语的各种体验来学习日语的用法和了解日本。注重"文化"内涵，成为该书最大特色。中国一位教师评价该书："故事生动有趣，不仅有原汁原味的日语，还能看到日本校园生活，了解日本文化。"[1]2011年，国际交流基金曼谷文化中心开始制作《こはる》系列教材，该教材专门开辟了文化篇，并提供了PPT展示文件、问答形式的插图和照片，通过对比日本与泰国的异同点，提高了学生对日本的兴趣，有利于异文化的理解。此外，悉尼日本

---

① 《艾琳学日语》，国际交流基金北京日本文化中心主页，http://www.jpfbj.cn/erin/。

文化中心制作的《完整日本语言和文化》、沙特阿拉伯国王大学编写的《为了阿拉伯人的日语》等教材都在教授日语知识的同时，传播介绍日本文化。

第三节 国际化日语教学方法的改善

在 20 世纪之前，学习日语的人还很少，除了西方传教士、贸易商等之外，日语教育主要是在汉字圈国家开展，采用的教授法以翻译教授法为主。翻译教授法重视口语会话，轻视文字意思表达，不重视读写。

20 世纪 20 年代，日本开始重视外语教学理论的研究，并引进英国语言学家帕玛（Harold-E.Palmer，1877—1949）创造的口头教授法（Oral Method）用于日语教育。口头教授法以培养会话能力为目标，通过口头练习，记住基本句型，对语法基本不做深入解释。

二战后，随着日语教育国际化进程的加快，世界各国日语学习者的增多，为提高日语教学效果，日本不断从欧美引进新的外语教授法，进一步改善日语教学方法。

一、声音·语言·入门教授法

20 世纪 50 年代以后，在日语教育中占据主导地位的是声音·语言·入门教授法 [1]（Audio·Lingual·Approach）。该教授法是以构造语言学与行动主义心理学为基础，其特点是通过口头练习使学习者掌握语言材料。美国语言学家 Charles C.Fries[2] 认为，学习者应该"首先理解该语言的母语使用者的口语，辨析声音特征，努力接近发音，其次才是学习文法结构、语言形态和辨析，将其无意识地自动地反射性使用"[3]。声音·语言·入门教授法正是以学习者的口头表达能力作为培养重点，以自如表达作为

---

[1] 亦译作"听说教学法"。
[2] C.C. Fries 从 1956 年至 1959 年 5 次到日本，介绍声音·语言·入门教授法。
[3] [日]高见泽孟：《新外国语教授法和日本语教育》，ALC 出版社，1989 年，第 13 页。

学习目的。根据这一理论，该教授法要求教师在授课中做到：①不通过翻译而借助于实物、绘画和动作解释意思；②在说明语法规则时通过适当的例句使学习者理解；③教师不要光自己说，要提问题让学习者回答；④不要模仿学习者的错误，要经常给学习者示范正确的句子以进行指导；⑤授课要按教学计划进行；⑥教师要时常用自己自然的语速说话，不要有意识放慢语速；⑦说话声音也要按普通声调，不可故意大声说话。①

声音·语言·入门教授法在战后日语教育中被广泛使用，并发挥了重要影响。1956 年，山家保在 *Pattem Practice and Contrast*（《句型的练习与对比》）一书中首次将该教授法介绍到日本。1963 年，E.H.Jorden 编写了 *Beginning Japanese*（《日语初阶》），这是基于该教授法的第一部日语初级教材，在日本国内外产生重要影响。

虽然后来声音·语言·入门教授法被认知学习理论所批判，认为其不重视语言文字教育会给学习者带来不安等，但是该教授法至今依然是外语教育领域中具有指导地位的教授法理论。

二、综合·自然·反应教授法

1965 年，J.B.Carroll 在 *Modern Language Journal*（《现代语言期刊》）上发表 "The Contributions of Psychological Theory and Educational Research to the Teaching of Foreign Language"（《心理与教育理论研究对外语教学的贡献》），从认知记号学习理论的立场，对声音·语言·入门教授法进行批判。1969 年，美国心理学家詹姆斯·阿夏（James.J.Asher）在 *Modern Language Journal*（《现代语言杂志》）上发表 "The Total Physical Response Approach to Second Language Learning"（《外语教育的肢体应答方法》），提出综合·自然·反应教授法②。该教授法以幼儿第一语言学习过程和大脑生理学的理论为基础，为了优先培养听力，与口头练

---

① 胡以男：《日本的日语教育与日语教授法管窥》，《山东外语教学》，2002 年第 2 期。
② 亦译作"身体反应教学法"。

习相比更为重视听力训练，依据"听"与"动作"的一体化进行归纳性学习，可提高学习效果。该教授法从 1984 年开始首先在东京都江东区的中国归国者日语学级会被使用。

三、交际教学法

1976 年，英国语言学家威尔金斯（D.A.Wilkins）出版 *Notional Syllabuses*（《意念大纲》）。1984 年，该书由岛冈丘翻译介绍到日本。同年，J.van Ek 出版 *The Threshold Level for Modem Language Learning in Schools*（《学校现代语言教学水平》）。这两部书都提出注重学习传达能力的交际教学法教材开发以及课程设计的基础理论。交际教学法是以功能语言学和社会语言学理论为基础，其特征是"以培养表达能力的功能和概念为中心的教学大纲""重视学习者的认知能力和分析能力""按照学习者的要求的课程设计""根据不同目的进行教育""重视表达与谈话""与正确性相比更为重视流畅度"，等等。① 该教授法在 1983 年出版的《中国归国者生活日语 I 》中被引入使用。

除了上述主要教授法之外，随着各种语言教学理论的出现，还涌现出许多其他教学方法。例如，无声教学法 ②（Silent Way）、社团语言学习教学法（CL／CLL）、暗示教学法（Suggestopedia）、自然教学法（The Natural Approach）等。在二战后日语教育中，日本一直不断地学习和探索各种外语教学理论，改善日语教授方法。力求不拘泥于一种教学法理论，根据学习者的母语、年龄等自身情况，灵活地选择最适合的教授法，注重调动学习者的积极性，努力发挥他们在学习中的主体作用。

---

① ［日］关正昭：《日本语教育史研究序说》，3A 网络出版，2008 年，第 203 页。
② 亦译作"沉默法"。

第四章 亚洲日语教育的展开

二战结束后，随着日本经济的复兴，截至 2015 年全世界有 137 个国家和地区开展了日语教育。根据国际交流基金从 1979 年到 2015 年的 11 次调查结果，全世界日语教育机构数由 1145 个增长为 16179 个，增加 13 倍；教师人数由 4097 人增长为 64108 人，增加 14.6 倍；学习者人数从 127167 人增长为 3655024 人，增加 27.7 倍,2012 年一度达到最高 3985669 人。在这 36 年间，海外的日语教育持续大幅增加。

亚洲是海外日语教育的主要地区。从地区分布上看，不论在机构数、教师人数、学习者人数哪方面东亚 ① 都占第一位，其次是东南亚地区 ②。2012 年，东亚的日语学习人数为 2154344 人，占全世界 54.1%，东南亚的日语学习人数为 1132701 人，占全世界学习日语总人数的 28.4%，这两个地区共占 82.5%。从国别上看，2012 年，全世界的日语学习者有 26.3% 在中国，21.9% 在印度尼西亚，21.1% 在韩国，这三国占总学习人数的近 7 成。除了这三个国家，学习人数在 10 万人以上的国家和地区还包括澳大利亚、美国、泰国等。学习人数在 1 万以上 10 万以下的国家和地区有 13 个；在 1000 到 1 万人的国家和地区有 33 个；其余 83 个国家和地区不满 1000 人。③

本章将以亚洲主要国家和地区为对象，就该国或地区日语教育的演

---

① 东亚包括中国、韩国、蒙古。
② 东南亚地区包括中南半岛和马来群岛，由缅甸、泰国、老挝、柬埔寨、越南、马来西亚、新加坡、印度尼西亚（不包括西伊瑞安查亚）、菲律宾等国家组成。
③ [日]国际交流基金：《海外日语教育现状——2012 年度日语教育机构调查》，黑潮出版，2013 年，第 9—12 页。

进、日本在该国或地区推广日语教育的主要措施、该国或地区日语教育的特点和效果等分别进行分析。

第一节 中国的日语教育

中华人民共和国成立以来，日语教育发展历程大致可划分为三个时期，即 1949—1972 年的恢复调整期，1972—2011 年的蓬勃发展期，2011 年至今的转换期。在中国日语教育开展过程中，日本政府、国际交流基金、民间团体、友好人士等提供了大量的援助，对日语人才的培养发挥了重要的作用。

一、新中国日语教育的演进

中国日语教育的发展过程大体上可以划分为以下三个时期：

（一）恢复调整期（1949 年至 1972 年）

最初，中国的日语教育非常薄弱。1949 年，中国开设日语专业的高校只有 3 所，分别是北京大学、解放军外语学院和郑州信息工程学院，并且学生仅限于外交部、文联、对外文化委员会等政府机关选送的干部。1952 年院系调整时将各东方语种均集中于北京大学，归为一个东语系，内设朝鲜语、日本语、蒙古语、越南语、缅甸语、暹罗语、印地语、印尼语、阿拉伯语、波斯语十个专业。[①]北京大学日语专业在 1956 年之前，只有精读课，以文法、读解为中心，1957 年开始将语学与文学分开，开设了日本文学史课程。1952 年，中日贸易促进会议宣告成立，并签订了第一次中日民间贸易协议。受对外贸易部的委托，1954 年对外贸易学院（现对外经济贸易大学）也设立了日语专业。此外，1956 年，吉林大学也设立了日语教研室，开始了公共日语教育。

20 世纪 50 年代，由于俄语人才过剩，俄语教育规模开始缩小，英语、

----

① 付克：《中国外语教育史》，上海外语教育出版社，1986 年，第 72 页。

日语等外语教育相应扩大。1958 年，上海交通大学设置科技外语系日语教研室。随后，黑龙江大学（1958 年）、上海对外贸易学院（1960 年）、上海外国语学院（1960 年）、外交学院分院（1961 年）、西安交通大学（1962 年）、首都师范大学（1962 年）等相继开办了日语专业。

20 世纪 60 年代初，周恩来指出从儿童时期就开始学外语，能收到良好的效果，能学到地道的外语，形成外语思维和运用外语的习惯。根据周恩来的讲话精神，教育部从 1961 年开始先后在北京、上海、广州、重庆、西安、长春、天津、武汉、杭州、南京、唐山 11 个城市开办了外国语学校，其中大部分都开设了日语课。

1964 年 10 月，教育部制定了《外语教育七年规划纲要》。提出："学校教育中确定英语为第一外语，大力调整高等学校和中等学校开设外语课的语种比例。学习英语的人数要大量增加，学习法语、西班牙语、阿拉伯语、日语和德语的人数也要适当增加。"《纲要》提出的措施主要有："新建和扩建 16 所高等外语院校，扩大招生人数；补充和充实外语师资队伍，七年内共需补充 23580 人……其中日语 1260 人。"[①] 为了研究高等外语院系的教学改革问题，高等教育部于 1965 年 6 月 22 日至 7 月 6 日召开了专门的会议，研究外语院系的教学工作，以便贯彻执行外语教育七年规划。由于当时形势的发展，事实上国家已处在"文化大革命"的前夕，所以这次会议的精神未得到贯彻执行。[②]1966 年开始的十年"文化大革命"，给外语教育带来严重的破坏。"四人帮"散布"不学 ABC，照样干革命"的谬论，使"外语无用"的思想到处泛溢。各学校的日语教学活动也被迫中止，许多日语教师遭到批判，并被送去"改造"，日语教育完全处于停顿状态。

这一时期，中日还没有恢复邦交正常化，日语教育尚未全面展开，

① 付克：《中国外语教育史》，上海外语教育出版社，1986 年，第 77—79 页。
② 付克：《中国外语教育史》，上海外语教育出版社，1986 年，第 80—83 页。

时断时续，基本上处于恢复调整阶段。同时也为下一阶段日语教育的蓬勃发展打下了基础，储备了人才。

（二）蓬勃发展期（1972 年至 2011 年）

随着中国重返联合国，部分外语大学也开始重新招生。1972 年，中日邦交正常化后，日语教育逐渐开始普及、扩大，并逐渐迎来了第一次学习日语的热潮。20 世纪 70 年代以后陆续专门设立日语专业的学校有：广州外国语学院（1970 年 9 月）、复旦大学（1970 年 11 月）、天津外国语学院附属外国语学校（1971 年 1 月）、山东大学（1971 年 3 月）、山东师范大学（1972 年 2 月）、福建师范大学（1972 年 2 月）、武汉大学（1972 年 4 月）、南开大学（1972 年 9 月）、华东师范大学（1973 年 4 月）、四川大学（1973 年 9 月）、北京师范大学（1973 年 9 月）、河北大学（1973 年 9 月）、天津外国语学院（1973 年 9 月）、东北师范大学（1974 年 9 月）、西安外国语学院（1974 年 9 月）、四川外国语学院（1974 年 9 月）、哈尔滨师范大学（1975 年 12 月）。此外，1970 年 10 月，清华大学还首次开设了日语公共课，由两名教师负责，共计 2 个班 39 名学生。[①]

1976 年 10 月，"四人帮"倒台，"文化大革命"结束。在外语教育方面，教育部于 1978 年 8 月 28 日至 9 月 10 日在北京召开了全国外语教育座谈会，并提出《加强外语教育的几点意见》（以下简称《意见》）。《意见》规定了新的外语教育方针为："千方百计地提高外语教育质量，切实抓好中、小学外语教育这个基础，在办好高等学校专业外语教育和公共外语教育的同时，大力开展各种形式的业余外语教育，努力使越来越多的科技工作者和其他专业人员掌握外语工具，为加速实现四个现代化多做贡献。"[②]该方针受到外语教育界的广泛欢

---

① [日]木村宗男编：《讲座日语和日语教育（15）》，明治书院，1991 年，第 390—391 页。
② 付克：《中国外语教育史》，上海外语教育出版社，1986 年，第 88 页。

迎，并得到认真的贯彻执行。同时，各级政府对外语教育也非常重视，并拨出大量经费来发展外语教育事业。全国外语教育出现了历史上从未有过的欣欣向荣的大好局面。

随着 1978 年中国实行改革开放，以及《中日和平友好条约》的缔结，日语教育迅速发展起来。据 1982 年 5 月不完全统计，北京、天津、上海、哈尔滨、济南五大城市就有近万名中学生学习日语。大多数外语院系都开设了日语专业。中央和许多地方电台还开设了各种日语讲座。同时，各种业余日语培训班也纷纷成立。据统计，1983 年，高等院校专业日语在校生有 3591 人，高等师范院校日语专业在校生有 588 人，高等外语院校的日语教师有 873 人，高校公共日语教师有 701 人，全国中学日语教师约有近三千人。[①]改革开放以来，日语一直是仅次于英语的第二大外语。

20 世纪 90 年代以来，随着经济发展加速，文化交流更加频繁，中国整体的腾飞开始，加上高校从精英化教育向大众化教育的转变，开设日语专业的高校和学习日语专业学生的骤增。据统计，中国普通全日制四年制本科高校共 1064 所（其中公立 716 所，二级独立学院 316 所，纯私立大学 32 所），三年制大专、高职 1200 所中设有日语专业的总共已达 580 所以上，近 15 年已猛增了 3 倍。[②]如图 4.1 所示，改革开放以来，中国日语学习者不断增多。中国已经有超过百万的日语学习者，居于世界第一位。

---

① 付克：《中国外语教育史》，上海外语教育出版社，1986 年，第 94—97 页。
② 戴炜栋、胡文仲主编：《中国外语教育发展研究（1949—2009）》，上海外语教育出版社，2009 年，第 239 页。

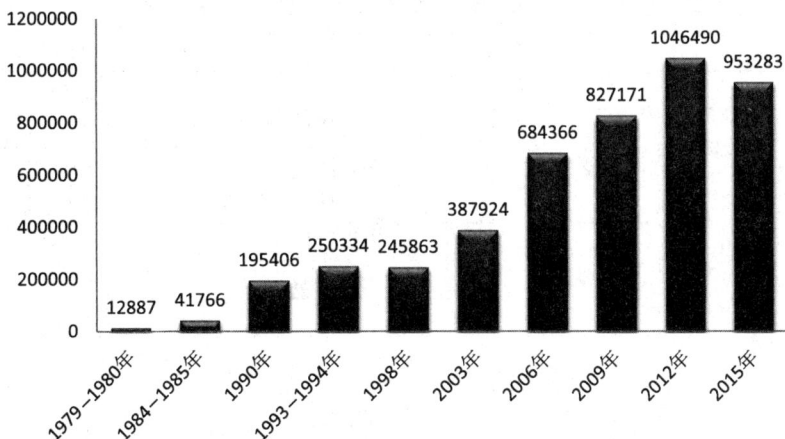

图 4.1 中国日语学习者人数统计（单位：人）

资料来源：根据［日］日本国际交流基金主页，http://www.jpf.go.jp/j/japanese/survey/result/index.html，提供的数据自行绘制。

（三）转换期（2011 年以后）

近年来，钓鱼岛问题、历史问题使本就"政冷经热"的中日两国关系陷入了邦交正常化以来最为严峻、最为困难的局面。特别是受 2011 年 3 月 11 日的日本福岛地震的影响，日语学习者的热情受到严重打击，赴日留学生骤减。同时，日企的饱和、撤离也使日语专业学生出现就业困难。从 2011 年开始，一些高校日语专业开始缩减招生，很多日语培训机构或倒闭，或惨淡维持。如表 4.1 所示，2015 年国际交流基金调查的数据出现大幅缩减。因此，从 2011 年之后，中国的日语教育进入转换期。

表 4.1 2015 年中国日语教育机构、教师与学习者数量

教育机构			2115
教师（人）			18312
学习者（人）	初等教育	正规科目	1470
		课外活动	103
		合计	1573
	中等教育	正规科目	40599
		课外活动	11783
		合计	52382
	高等教育	日语专业	210452
		非日语专业	329574
		课外活动	85702
		合计	625728
	学校教育以外		273600
	合计		953283

资料来源：根据［日］国际交流基金：《海外日语教育现状——2015 年度日语教育机构调查》，国际交流基金，2017 年，第 46—47 页数据自行绘制。

二、日本在中国推广日语教育的主要措施

（一）日本政府大力援助中国的日语教育

日本政府非常支持推广日语国际化，政府首脑、外务省、文部科学省等对中国的日语教育提供了大量援助。1979 年 12 月，时任日本首相大平正芳访华与当时的中国领导人进行会谈时，基于青年交流与相互理解是日中友好的基础这一理念，双方决定联合启动中国日语教师培训班（相关人士亲切地称之为"大平班"）。1985 年 9 月，在此基础上成立了北京日本学研究中心。这是中国教育部与日本国际交流基金会为促进两国的教育文化交流而创建的共同教育机构。1999 年，小渊惠三首相访华时，与中国政府达成无偿援助协议，由日方出资 8 亿日元，中国教育部配套 300 万元人民币建成日研中心新楼。[①] 中心不仅致力于日语教师

① 戴炜栋主编：《高校外语专业教育发展报告(1978—2008)》，上海外语教育出版社，2008 年，第 319—320 页。

培训及日语普及事业，培养了近七百名硕士及博士毕业生，[①] 还为中国的日语教学与研究做了大量基础工作，建立了中日高校交流的丰碑。该项目作为 ODA（政府开发援助）中最成功的项目之一受到中日两国政府的高度评价。1979 年 3 月，根据中日两国政府教育交流协议，在东北师范大学创办了直属于教育部的中国赴日本国留学生预备学校（又称教育部出国留学人员培训部），这是我国唯一一所由中日两国政府合办、面向各级各类赴日留学预备人员进行短期日语强化教育的专门学校；是中日邦交正常化后，两国政府间教育交流合作的最大项目。日本文部科学省每年选派高水平、富有教学经验的专家团来校教学、工作。迄今已先后有五百余名日本专家和教师来校任教、工作。[②] 此外，日本政府文部省还通过驻中国大使馆和日本各大学向中国留学生提供援助。三十多年来，文部省奖学金帮助大量赴日留学生完成了学业。近十年来，文部省为许多高校（包括私立大学）提供奖学金使一些优秀学生在大学本科阶段就能走出国门留学。

（二）以国际交流基金为首的专门机构以及民间团体积极协助推广日语

20 世纪 80 年代，日本国际交流基金多次组织教授巡讲团进行长期数周的教师培训，近年来一批在日本学成归来的高学历人才充实了日语专业的师资队伍，不仅在专业上有更广阔的方向，而且这些海归师资还把日本各大学培养、研究的方法带回国内，使日语研究生教育呈现出崭新的局面。[③] 此外，海外青年协力队等专门机构还通过向中国的大学等派遣日语教师，并通过技术合作活动，对中国的技术人员进行日语培训。

---

① 徐一平、曹大峰主编：《中日教育合作实践与成效研究——以"大平班"和北京日本学研究中心为例》，学苑出版社，2013 年，第 9 页。
② 东北师范大学主页，http://www5.nenu.edu.cn/webC/jlhz/lryx.html。
③ 戴炜栋主编：《高校外语专业教育发展报告（1978—2008）》，上海外语教育出版社，2008 年，第 296 页。

民间交流的项目更多，日方的神奈川县、静冈县、长崎县等教育部门自中国改革开放起连续十多年派遣有经验的高中教师赴中国各大学任教；日本霞山会、学术报告会、国际日本文化研究中心、世川财团等友好团体一直派遣著名学者赴中国高校作巡回演讲，支持学者互访和共同研究，资助中国高校的国际研讨会、名著教材的出版，在高校设立奖掖师生的奖教奖学金，接纳中国留学生赴日本大学深造。这些活动极大地鼓舞了中国日语专业的广大教师，在 30 年来中国日语教育的国际交流中起到了积极的作用。[①]

（三）积极开展校际交流与合作

自 20 世纪 80 年代初期开始，北京、上海、广东、东北地区的一些高校，开始了与日本姐妹校之间的校际交流，这种交流在双方互惠互利的原则下蓬勃发展至今，一直发展到内陆的许多高校。校际交流项目一般包括师资交流、学生交流、图书交流、信息技术交流等。近十年来，高校校际之间的交流又发展到"2+2"（中日大学各学习两年）、"3+1"（中国大学三年，日本交流大学一年）、"4+2"（中国大学本科 4 年，日本大学硕士 2 年）等本科生、硕士生培养的层面，北京、上海、大连等地的一些高校成班级建制地派遣中国学生赴日留学，互认学分，由中国大学和日本交流大学发共同文凭或双学历证书和硕士学位证书，学生在这样的学习体制下，可以直接接受不同文化背景的专业学习，取得了一定的成果。中日两国大学之间的交流还体现在众多的文化交流方面，各种类型的日语演讲比赛、作文比赛、戏剧表演比赛、本科生毕业论文及研究生论文比赛等，每年定期组织举办，像京都外国语大学与上海市教委联合举办的日语演讲比赛至今已坚持十余年，获奖优秀学生有短期

---

① 戴炜栋主编：《高校外语专业教育发展报告（1978—2008）》，上海外语教育出版社，2008 年，第 320 页。

赴日本参观学习交流的机会。[①]

三、日语教育在中国的特点和效果

多年来，两国间的人才交流与经济合作取得了飞跃性的进展。中国的日语教育主要有以下特点：

第一，学习目的多元化。根据国际交流基金 2012 年度的调查，中国学生学习日语的目的位于前五位的依次是喜欢动漫等流行文化、将来的就业、对日语本身的兴趣、赴日留学、对历史文学等的关心。而以和日本的友好交流为目的的学习者要低于世界平均水平，并且较 2009 年更加减少。

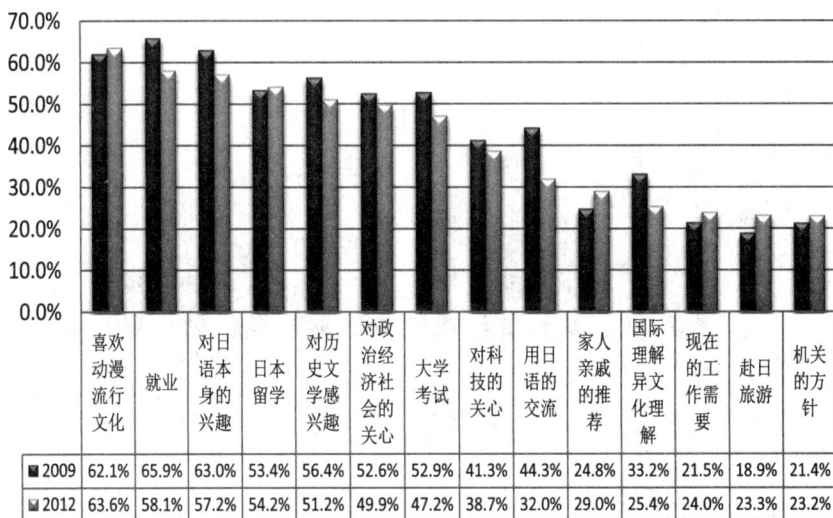

	喜欢动漫流行文化	就业	对日语本身的兴趣	日本留学	对历史文学感兴趣	对政治经济社会的关心	大学考试	对科技的关心	用日语的交流	家人亲戚的推荐	国际理解异文化理解	现在的工作需要	赴日旅游	机关的方针
■2009	62.1%	65.9%	63.0%	53.4%	56.4%	52.6%	52.9%	41.3%	44.3%	24.8%	33.2%	21.5%	18.9%	21.4%
▨2012	63.6%	58.1%	57.2%	54.2%	51.2%	49.9%	47.2%	38.7%	32.0%	29.0%	25.4%	24.0%	23.3%	23.2%

图 4.2 中国人学习日语的目的调查（2012 年）

资料来源：根据［日］国际交流基金：《海外日语教育现状——2012 年度日语教育机构调查》，黑潮出版，2013 年 12 月，第 24 页数据自行绘制。

[①] 戴炜栋主编：《高校外语专业教育发展报告（1978—2008）》，上海外语教育出版社，2008 年，第 320—321 页。

第二，中国的日语学习者主体是高校学生。根据国际交流基金 2015 年度的调查，中国高校日语学习者占中国全部日语学习者的 65.6%。[①]

第三，中国日语教师队伍中以日语为母语的日语教师比例大大低于世界平均数字。2012 年，中国高校共有 11271 名日语教师，其中以日语为母语的教师有 1468 名，仅占 13%，而世界平均比例为 25.9%。[②] 初等教育、中等教育、社会教育中以日语为母语的教师比例分别为 2.9%、8.7%、19%，皆低于世界平均水平。

第四，在教材、教学方法、日本文化社会信息、教学设施等方面，2012 年比 2009 年有很大改善，但还存在很大不足，依然是中国日语教育的主要问题。同时，教师待遇低、学习者减少、学习者热情下降这三方面呈上升趋势。

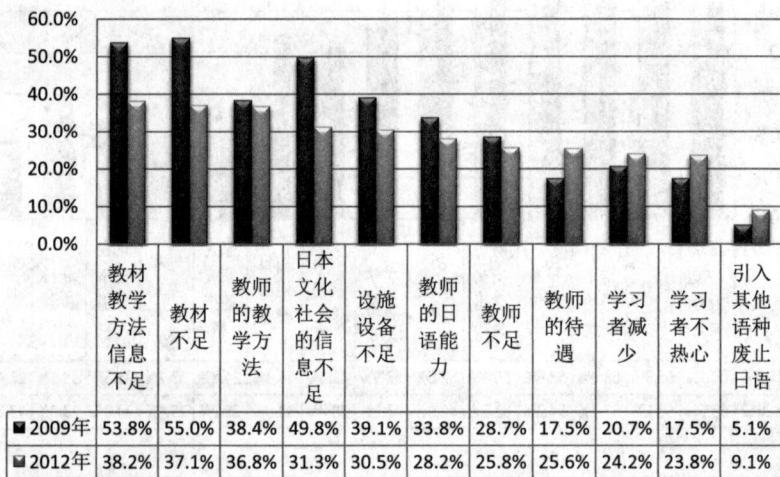

	教材教学方法信息不足	教材不足	教师的教学方法	日本文化社会的信息不足	设施设备不足	教师的日语能力	教师不足	教师的待遇	学习者减少	学习者不热心	引入其他语种废止日语
■ 2009年	53.8%	55.0%	38.4%	49.8%	39.1%	33.8%	28.7%	17.5%	20.7%	17.5%	5.1%
■ 2012年	38.2%	37.1%	36.8%	31.3%	30.5%	28.2%	25.8%	25.6%	24.2%	23.8%	9.1%

图 4.3 中国日语教育存在问题的调查（2012 年）

资料来源：根据［日］国际交流基金：《海外日语教育现状——2012 年度日语教育机构调查》，黑潮出版，2013 年 12 月，第 25 页数据自行绘制。

① ［日］国际交流基金：《海外日语教育现状——2015 年度日语教育机构调查》，国际交流基金，2017 年，第 160 页。
② ［日］国际交流基金：《海外日语教育现状——2012 年度日语教育机构调查》，黑潮出版，2013 年，第 163 页

四、小结

在二战后中国的日语教育开展过程中，日本政府、国际交流基金等机构、民间团体以及志愿者等给予了巨大的帮助。日语界将中日联合办学的中国日语教师培训班（"大平班"）和北京日本学研究中心比喻为中国日语教育事业和日本研究事业的"黄埔军校"，足见其对中国日语教师队伍建设的重要影响。日本国际交流基金、日本文部省以及众多学校、机构、友好团体为许多高校的日语教师和学生提供了赴日研修、学习交流的机会，对我国日语人才的培养发挥了不可忽视的作用。

文化的交流离不开两国政治、经济。近年来，日本在历史认识、领土争端、核扩散等问题的处理上，频频伤害中国人民的感情，损害了中日贸易，由此也将导致未来学习日语者人数的缩减。同时，日本国际交流基金在日语教育方面的预算还在逐年减少，日语教育的开展也面临一定困境。未来，日本必须正确认识历史、妥善处理国际关系，加强国际文化交流，才能大力发展日语教育国际化事业。

附："大平班"和北京日本学研究中心

1979 年 12 月，日本首相大平正芳访华，并与中国政府签署了《中日文化交流协定》，中日两国政府希望通过积极的文化交流，加深友好关系。鉴于此，双方决定联合启动中国日语教师培训班（相关人士亲切地称之为"大平班"）。这一举措不仅响应了中国为实现现代化，希望向日本学习发展经济的迫切需求，也符合日本培养发挥日中友好纽带作用的知日派的强烈愿望。经过 5 年的努力，"大平班"为中国培训了 600 名中国日语教师。"大平班"作为当时具有重要典型意义的合作项目，为中国日语教育事业的发展做出了巨大的贡献。"大平班"的名称，在中国日语教学界人人皆知，在日本教育界也有很高的声望，是中日友谊的结晶。

1985 年 9 月，在共同创办的"大平班"的基础上，为培养研究生以上层次的日本学人才，中国教育部与日本国际交流基金会成立了北京日本学研究中心。在北京日本学研究中心建立和发展的 30 年间，派遣到日研中心从事教学活动的日方专家、教授达到了 600 名，日研中心培养的中国毕业生人数超过了 1100 名。北京日本学研究中心自建立以来，作为中国学生吸收最新的日本学研究、教育成果的平台，培养、造就了大批的优秀学生和为中国的学术、教育事业发展及中日文化交流做出积极贡献的优秀人才。

"大平班"和北京日本学研究中心经过了 35 年的历程，培养了大批日语骨干教师和日本研究人才。这些毕业生在国内外的教育、科研、对外交流等众多领域取得了非常杰出的成绩，做出了重要的贡献，受到了中日两国政府及各界的好评，为增进中日两国相互理解方面发挥了不可估量的作用及影响力。

第二节 韩国的日语教育

一、二战后韩国日语教育的演进

二战后，韩国日语教育的发展过程大体上可以划分为以下四个时期。

（一）日语教育的恢复期（1960 年至 1965 年）

20 世纪 60 年代，一贯实施排日政策的李承晚政权倒台之后，韩国社会中兴起了日本热，开始流行日本商品、日本歌谣、翻译成韩语的日本小说等。首尔（时称汉城）市内开始出现日语讲习会、日语家教。据报道称，1961 年 1 月，首尔市内有二十多所日语讲习所。[①] 与此同时，一些高等教育机构，如韩国外国语大学、国际大学等相继设立了日语专业。韩国的日语教育之所以能迅速恢复，在于担任日语教学的韩国籍教

① [日]森田芳夫：《韩国的日本热潮》，《思想的科学》，1961 年第 28 号。

师们大都是二战前留学日本，毕业于东京女高师、奈良女高师、早稻田大学、东京女子大学、京都女子专门学校等教育机构，具有良好的日语能力。

（二）日语教育的发展期（1965 年至 1991 年）

1965 年，日韩邦交正常化后，韩国的日语教育才真正开始。从 1965 年 6 月《日韩条约》的签订到 1991 年苏联解体为止的这一段历史时期，被经济上的相互利益和安全保障上的相互利益驱动着的日韩关系得到了修复和发展。日韩之间建立了很多官方和民间的交流和对话的渠道，尽管两国间在历史问题、经济利益上存在纠葛，但总体来说依然在蹒跚前行。[①]

1968 年 12 月，韩国制定了国民教育宪章。1972 年 7 月，朴正熙总统下令将日语列为高中第二外语的选修科目，并强调："韩国和日本有很多相似之处，通过书籍，在经济技术领域上，日本有很多值得我们学习的地方。即使学习日语，也应该端正思想，具有宽怀大度的独立性。至今为止我国一直由于过去的关系而逃避学习日语，但是这种想法是不会使我国得到发展的。"[②] 在这一指示下，韩国教育部门开始大力发展日语教育，通过发布韩国文教部令第 310 号（1973 年 2 月 14 日）教育课程改正令，将日语增添到人文系高中、实业系高中的第二外语选修科目内。高中的日语教科书最初使用的是 1973 年出版的日语研究会编著的《日语读本》（上、下），由于书中写入了很多以韩国国土、民族精神、维新事业为标题的内容，因此 1979 年韩国日语日文会重新编写并出版了《高等学校日语》（上、下）。此后至 1990 年又陆续出版了十余种日语教材。除此之外，韩国文教部还专门于 1972 年 10 月至 1973 年 1 月在韩国外语大学内创办了中学日语教师临时培训所，大约有 140 名教师

① 安成日：《当代日韩关系研究（1945—1965）》，中国社会科学出版社，2009 年，第 15—16 页。
② 《首尔新闻》，1972 年 7 月 5 日。

参加。到了 20 世纪 80 年代末期，一些大学日语专业的毕业生也加入日语教师行列，逐渐取代年老教师，成为日语教师的新兴主力。截至 1990 年，在全国高中，选择日语班级的高中共计 945 所（其中实业系高中 470 所），占全国 1683 所高中的 56%。据教科书出版公司的资料显示，1990 年内提供了 56.6 万册日语教科书。[1]

在开展高中日语教育的同时，大学也纷纷开设日语相关专业。从 1973 年到 1990 年共有 45 所大学设立了日语相关专业。[2] 韩国外国语大学、中央大学、汉阳大学等还开办了研究生院的硕博士课程。大学里的专职教师大多是从上述研究生院中毕业的，还有留学日本取得学士、博士学位的海归加入了大学专职教师的阵营。日籍教师也在逐渐增加，截至 1990 年，韩国所有大学的日语相关专业的日籍教师共计 51 名。截至 1990 年，大学内日语专业的学生总数为 11906 名（其中女生 6942 名），研究生 191 名（其中女生 117 名）。[3] 除了日语专业学生，包括没有日语专业的梨花女子大学、西江大学等学校，都有很多学生在公共课中的第二外语上，选择学习日语。另外，与旅游相关专业、图书馆专业的学生要必修或选修日语。

除了以学生为教育对象外，自 1973 年起延世大学的外国语学堂开始面向社会教授日语。各种私立日语学院也纷纷建立，1985 年，全国注册在案的日语学院有 640 所。首尔大学附属的在外国民教育院还以派遣去日本的教育公务员为对象，进行日语、日本国情的教授。韩国的一些报社与电视台还通过举办日语讲座、日语广播、出版日语教材等方式开展日语教育。

这一时期，韩国的日本研究也开始蓬勃发展，成立了很多日本研

---

① [日] 木村宗男编：《讲座日本语和日本语教育（15）》，明治书院，1991 年，第 414 页。
② 这些日语专业的名称有日语科、日语学科、日语日文学科、日本学科、日语教育科等。
③ [日] 木村宗男编：《讲座日本语和日本语教育（15）》，明治书院，1991 年，第 415 页。

究机构，如釜山大学的日本问题研究所、启明大学的日本文化研究所、东国大学的日本学研究所、岭南大学的韩日文化比较研究所、德成女子大学的韩日比较文化研究所、庆星大学的日本问题研究所、高丽大学的亚洲问题研究所等，还成立了一些日本学会，如韩国日本学会、韩国日语日文学会、现代日本学会、韩日"法与社会"研究会、韩日经商学会等。这些机构与组织通过出版机关刊物、进行韩国的日语教育调查、主办讲座、日韩学者座谈等形式对日本文化、历史、社会等开展全方位研究。

（三）日语教育的激增期（1991 年至 2011 年）

20 世纪 90 年代初，冷战格局终结，韩国结束军事政权统治时期，进入了民主政治时代。同时，日本在二战后确立的"55 年体制"崩溃，进入了联合政权时代。日韩国内政治结构、经济结构、社会结构等也都在发生剧烈的变化。伴随着全球化的发展趋势，两国关系依然在调整中前行。

日语教育在韩国经过了近三十年的发展，已经具备了数量庞大的教育机构与非常成熟的教师队伍。加之韩国政府修订教育课程，将日语作为大学考试第二外语的选择科目，设置"高等学校日语教师特别培养课程"、要求中学也要学习第二外语等一系列举措，使韩国的日语学习者爆发式激增。如图 4.4 所示，韩国的日语学习者人数从 20 世纪 90 年代初一直到 2009 年，一直处于较高水平，且位于世界第一位。2009 年韩国的日语学习人数达到 96.4 万人，占全世界学习日语总人数的 26.4%。①

① 《海外日语教育机构调查 2009 年》，日本国际交流基金主页，http://www.jpf.go.jp/j/japanese/survey/result/dl/survey_2009/2009-03.pdf。

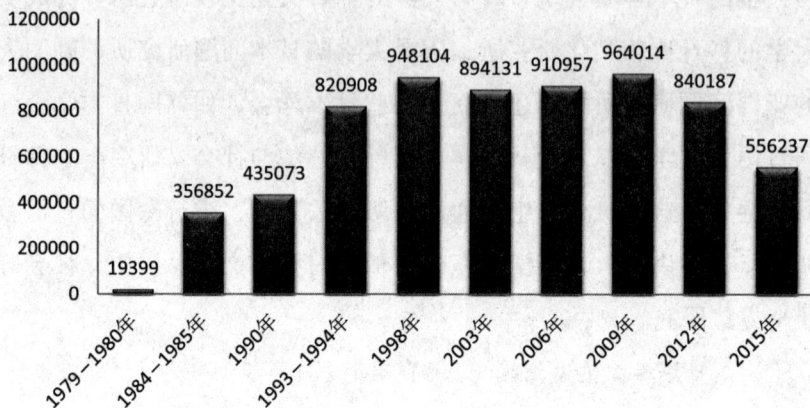

图 4.4 韩国日语学习者人数统计（单位：人）

资料来源：根据［日］日本国际交流基金主页，http://www.jpf.go.jp/j/japanese/
survey/result/index.html 提供的数据自行绘制。

（四）日语教育的遇冷期（2012 年至今）

根据 2012 年国际交流基金的统计数据，2012 年韩国日语学习者人数比 2009 年减少 12.8%，从世界第一位降至第三位，并持续低迷，2015 年韩国日语学习者人数比 2012 年减少 33.8%。究其原因，主要是因为中等教育中日语学习者减少。2009 年，韩国在"全球化创造性人才教育"理念下对基础教育课程进行了全面修订，公布了新的基础教育课程大纲（2011 年实施）。其中一项就是更改一直以来处于必修科目的第二外语。其结果直接导致选择学习负担较重的外语科目的学生大幅减少。与此同时，随着中国经济影响力的增加以及汉语学习机构的增多，也有越来越多的学生选择汉语作为第二外语。此外，由于东日本大地震、福岛核泄漏事故以及日本经济低迷、日韩政治外交关系恶化等因素，使韩国人的对日好感下降，也是学习日语人数急剧减少的重要原因。

表 4.2 2015 年韩国日语教育机构、教师与学习者数量

教育机构			2862
教师（人）			14855
学习者（人）	初等教育	正规科目	1118
		课外活动	42
		合计	1160
	中等教育	正规科目	443606
		课外活动	8287
		合计	451893
	高等教育	日语专业	23801
		非日语专业	27368
		课外活动	794
		合计	51963
	学校教育以外		51221
	合计		556237

资料来源：根据［日］国际交流基金：《海外日语教育现状——2015 年度日语教育机构调查》，国际交流基金，2017 年，第 46—47 页数据自行绘制。

二、日本在韩国推广日语教育的主要措施

（一）日本国际交流基金积极协助

1965 年，日韩恢复邦交时缔结了"在文化财产和文化合作方面日韩间协议"，其中第一条规定："为促进两国间的文化关系，要通力合作。"[1] 协议没有具体展开合作内容，一直到 1975 年，日本国际交流基金介入之后，日本才真正开始协助韩国推广日语教育。国际交流基金的协助主要包括：

1. 派遣日语教师

1975 年 10 月，国际交流基金向韩国诚信女子师范大学、启明大学的日语系各派遣了一名日语教师。从 1981 年开始，国际交流基金向韩国外国语大学研究生院派遣教授专家，指导博士生课程。同时，还分别向济州大学、釜山大学、东国大学庆州分校、高丽大学、全南大学等校派遣了年轻的日语教师。此外，国际交流基金还向韩国文教部主办的日语系教师特

---

① ［日］木村宗男编：《讲座日本语和日本语教育（15）》，明治书院，1991 年，第 420 页。

别研究会、在外公馆主办的日语教育研讨会等派遣了讲师。

2. 邀请韩国师生赴日研修

从 1975 年开始，国际交流基金每年邀请部分韩国的大学日语教师、韩国的日语专业学生赴东京分别参加由国际交流基金主办的海外日语讲师研修会、海外日语成绩优秀者研修会。1982 年，还开始邀请韩国高中的日语教师赴日研修。从 1975 年至 1990 年之间，共计邀请了 400 名韩国教师，104 名韩国学生。[①]

3. 捐赠教材

从 1975 年至 1990 年之间，国际交流基金共计捐赠日语教材 587 件，图书 143 件。其中日语教材以日语、日本文学为主，主要赠予大学或教育机构的日语专业，还有一部分日本研究类图书，赠予大学或研究机构。

4. 举办日语能力考试

1985 年，国际交流基金开始在首尔、釜山举办日语能力考试。2011 年，韩国应考者人数达到 9.34 万人。[②]除此之外，国际交流基金每年还向日语研究者、日语教育相关人员给予研究资助。

（二）日本文部省、外务省等其他机构提供援助

日本文部省在招收留学生方面，每年都会招收和资助一些日语语言专业的本科生以及研究生。日本外务省从 1972 年开始实施日韩青少年交流事业。1989 年，财团法人日韩文化交流基金会又开展了日韩学术文化青少年交流事业。据统计，从 1972 年至 1990 年，韩国被邀请至日本的青少年共计 3065 名。其中，包括大学日语专业学生、高中日语教师、韩国日语讲座或日语辩论大会上的优秀者等。

1968 年，釜山总领事馆开始召开日语讲座。1977 年，首尔的日本

---

① [日]木村宗男编：《讲座日本语和日本语教育（15）》，明治书院，1991 年，第 420—421 页。
② 《韩国日语教育 2013》，日本国际交流基金主页，http://www.jpf.go.jp/j/japanese/survey/country/2013/korea.html。

大使馆也开始创办各种日语讲座,包括日语专业学生班、日语教师班、高中日语教师班、日本留学预备班、社会人士商务班、高级日语班、假期培训等,并编纂了教材《初级日语》。同时,首尔的日本大使馆内还馆藏了1.7万册图书与电影、录像带等,提供借阅。

1977年和1979年,日本政府向韩国外国语大学和清州大学无偿捐赠日语电化教学装置。1978年至1990年,日本世博会纪念协会为韩国的大学、学院、研究机构等购买日本图书、视听器材等33件,总额约1.25亿日元。①

三、日语教育在韩国的特点和效果

多年来,韩国一直是学习日语的主力大国,20世纪90年代以来的二十多年间学习人数居于世界第一。虽然2015年减少了33.8%,但每10万人学习者人数为1106人,学日语人数占国家总人数比例依然是世界第一位。韩国的日语教育主要有以下特点:

第一,学习原因主要是由于国家政策。根据国际交流基金2012年度的调查,韩国学生学习日语的目的位于前五位的依次是机关的方针、对日语本身的兴趣、用日语的交流、对历史文学等感兴趣,以及喜欢动漫流行文化。其中机关的方针尤为突出,这主要是由于韩国政府规定中等教育机构的校长有权力选择第二外语的语种,很多中学都选择日语,对学生而言日语成了必修课。由于2012年高中取消了第二外语作为必修课,也成为学习人数锐减的主要原因。

① [日]木村宗男编:《讲座日本语和日本语教育(15)》,明治书院,1991年,第422页。

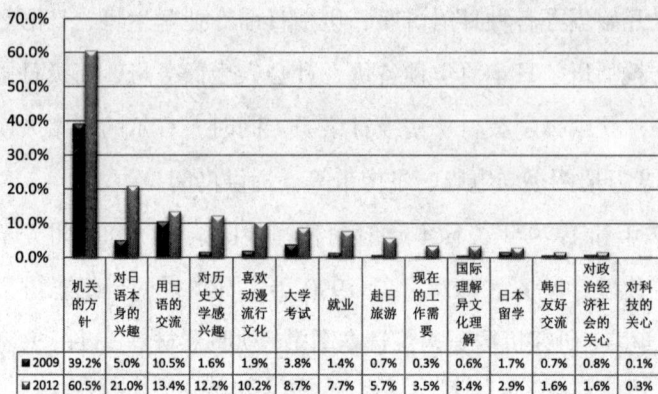

	机关的方针	对日本身的兴趣	用日语的交流	对历史文学感兴趣	喜欢动漫流行文化	大学考试	就业	赴日旅游	现在的工作需要	国际理解异文化理解	日本留学	韩日友好交流	对政治经济社会的关心	对科技的关心
2009	39.2%	5.0%	10.5%	1.6%	1.9%	3.8%	1.4%	0.7%	0.3%	0.6%	1.7%	0.7%	0.8%	0.1%
2012	60.5%	21.0%	13.4%	12.2%	10.2%	8.7%	7.7%	5.7%	3.5%	3.4%	2.9%	1.6%	1.6%	0.3%

图 4.5 韩国人学习日语的目的调查（2012 年）

资料来源：根据［日］国际交流基金：《海外日语教育现状——2012 年度日语教育机构调查》，黑潮出版，2013 年 12 月，第 28 页数据自行绘制。

第二，在日语教育存在问题的调查中，学习者不热心占最高比例，这说明在韩国中等教育中，存在一定数量的被动学习日语的学习者。另外，由于高中强制必修第二外语的取消，学习者减少，也使一些学习者放弃日语的学习。同时，日语学习者对教材、日本文化社会信息、教学设施、教学方法等方面，也期待更多改善。

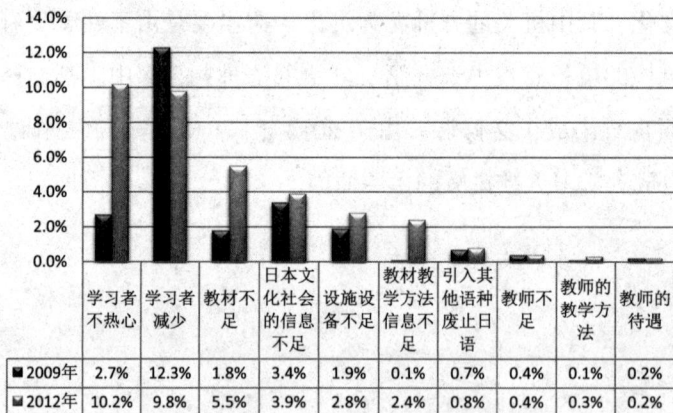

	学习者不热心	学习者减少	教材不足	日本文化社会的信息不足	设施设备不足	教材教学方法信息不足	引入其他语种废止日语	教师不足	教师的教学方法	教师的待遇
2009年	2.7%	12.3%	1.8%	3.4%	1.9%	0.1%	0.7%	0.4%	0.1%	0.2%
2012年	10.2%	9.8%	5.5%	3.9%	2.8%	2.4%	0.8%	0.4%	0.3%	0.2%

图 4.6 韩国日语教育存在问题的调查（2012 年）

资料来源：根据［日］国际交流基金：《海外日语教育现状——2012 年度日语教育

机构调查》，黑潮出版，2013年12月，第29页数据自行绘制。

四、小结

日本与朝鲜半岛隔海相望，有着悠久的交往历史，既存在友好交往的历史，也存在对立、冲突，甚至兵戎相见的历史。特别是自日本明治维新以来，朝鲜半岛成为日本殖民扩张的首要目标。从1910年《日韩合并条约》签订到1945年日本战败投降，朝鲜半岛处于日本殖民统治长达36年之久，这期间日本不仅强制推行了日语教育，更奴化了一代朝鲜人民。二战后，朝鲜半岛分裂为大韩民国与朝鲜民主主义人民共和国。韩国独立后，以"清除日帝残渣余孽"为口号，推行国语净化运动。尤其是李承晚总统，始终坚持排日政策，完全没有展开日语教育的趋势。1965年，日韩邦交正常化之后，韩国的日语教育跨越式发展，成为世界上学习日语者人数最多的国家。韩国日语教育的迅猛发展，主要是由于殖民时代培养的大量日语教师资源的利用，以及韩国的教育政策。由于日韩关系的复杂性与特殊性，韩国人民在一种极为纠结的心理下，接受日语教育。而近年来日韩之间由于领土问题、慰安妇问题、教科书问题等外交关系恶化，加之韩国在经济、文化等方面已有追赶甚至超过日本的趋势，韩国教育部门亦不再强制学习日语，因此越来越多的人不愿学习日语，而选择汉语等其他语种，直接导致韩国学习日语者人数锐减。

第三节 东南亚的日语教育

一、二战后东南亚日语教育的演进

东南亚地区是指位于亚洲东南部的地区，包括中南半岛和马来群岛，由缅甸、泰国、老挝、柬埔寨、越南、马来西亚、新加坡、印度尼西亚（不包括西伊瑞安查亚）、菲律宾等国家组成。

从第二次世界大战后东南亚各国的日语教育历史上来看，各国大致是从 20 世纪 60 年代开始开展日语教育的。这些国家开展日语教育与日本的科学技术以及经济发展有很大关联。从 20 世纪 50 年代开始，日本通过对东南亚各国进行技术协助、开设日系企业或创办合资企业、开发市场等将东南亚各国与日本的关系密切起来，提高了这些国家人民对日本关心程度。日本经济的发展、人民生活水平的提高等越来越吸引东南亚人关注日本。从而使东南亚各国产生了学习日本、学习日语的强烈愿望，这些因素是促使东南亚各国学习日语的主要原因。由于各国日语教育情况不尽相同，因此下面就学习日语的主要六个国家进行介绍分析。

（一）印度尼西亚

印度尼西亚是东南亚各国中学习日语人数最多的国家。2012 年达到 87 万人，超过韩国，跃居世界第 2 位。二战后印度尼西亚的日语教育开始于 1958 年雅加达市日语文化学院举办的日语讲座。该学院是一所以归国留学生为中心，以印尼、日本两国友好协会为主体，在日本驻印尼大使馆的协助下，成立的日语教育机构；是面向普通市民的，印度尼西亚最大的日语教育机构。1961 年，日本向该学院派遣日语教育专家，为赴日留学生进行预备教育，为日后印度尼西亚的日语教育培养了根基。

1962 年，印度尼西亚将日语作为第二外语引入高等教育。同年，国立万鸦老教育大学创立汉语·日语专业，1963 年巴查查兰大学创立日语·日本文学专业。1964 年，雅加达外语大学开设日语专业；万隆教育大学为了培养高等学校的日语教师，特开设了日语·日本文学专业。至 20 世纪 80 年代末，印度尼西亚大约有七十所学校开展日语教育，学生人数超过 2 万人。①

从 1980 年开始，印度尼西亚将日语教育引入中等教育。2006 年，又修改中等教育课程，规定所有普通高校以及宗教高校从 1 年级开始要

① ［日］木村宗男编：《讲座日本语和日本语教育（15）》，明治书院，1991 年，第 429 页。

连续 3 年学习第二外语。第二外语语种包括日语、汉语、法语、德语与阿拉伯语，由高校校长选择，由于日语具备正规的教科书与教师资源，因此选择日语的高校非常多。

此外，2010 年，基于《日印尼经济伙伴协定》（EPA），印度尼西亚的护士、护理人员也开始接受日语教育。

（二）泰国

2012 年，泰国的日语学习者人数约为 13 万人，比 2009 年增加 64.5%，位居世界第 7 位。二战后，泰国的日语教育最早始于 1947 年国立商业高校 Borpit Pimuk 学院。[1]20 世纪 60 年代后半期至 70 年代，泰国的其他职业高中也陆续开展了日语教育。

20 世纪 60 年代，在日本政府的援助下，泰国法政大学、朱拉隆功大学开始日本研究讲座。1972 年蓝甘杏大学、1977 年泰国农业大学和清迈大学开展了日语讲座，并且朱拉隆功大学于 1974 年、泰国法政大学于 1982 年、泰国农业大学于 1984 年，分别增设了日语专业。[2]这些大学的毕业生很多后来又成为日语教师，进一步将日语教育扩大到各地区的教育机构中。2013 年，泰国共有 95 所大学开设了日语课程。[3]

在中等教育上，从 1981 年开始，高中可以选择日语作为第二外语。2001 年基础教育课程改定后，初中也可以开设日语讲座。

此外，日本驻泰国大使馆宣传文化中心、日本留学生会、语言学校等各式的机构也都开展着日语教育。

（三）越南

2012 年，越南的日语学习者人数将近 4.7 万人，位居世界第 8 位。

---

① 位于泰国首都曼谷。英文名称：Rajamangala Institute of Technology Borpit Pimuk Mahamek Campus。该校的日语讲座在后期中断过一段时间，于 1965 年再次展开。

② 在朱拉隆功大学，将其称为文学部东洋语言学系日语专业。

③ [日]国际交流基金：《海外日语教育现状——2012 年度日语教育机构调查》，黑潮出版，2013 年，第 43 页。

越南的日语教育始于 20 世纪 60 年代至 70 年代河内市大学的日语教育，之后随着日越交流的加深，民间日语学校也陆续成立。越南日语教育的一大特征就是日资企业内的社内教育以及学校以外的学习者占很大比例，据 2012 年调查为 52.3%。[①] 并且高等教育机构中，越南的赴日留学生数量居东南亚第一位。近年来，日越两国间的大学合作，对促进共同研究、确保了学生数量发挥重要作用。

在中等教育上，2003 年，根据越南《中等教育日语教育试行项目》，在一些学校的初中一年级到高中三年级引入日语课，作为第一外语实施普及。预计今后将日语作为第二外语而实施的初中、高中也会随渐渐增多。此外，受 2007 年《日越经济伙伴协定》（EPA）的影响，越南政府也有计划于 2020 年向小学引入日语教育，预计今后越南的日语学习者人数会大幅上升。

（四）马来西亚

2012 年，马来西亚的日语学习者人数约为 3.3 万人，居世界第 9 位。马来西亚的日语教育始于 1966 年马来亚大学设置日语讲座，随后马来工科大学（1969 年）、马来西亚科技大学（1970 年）、马来西亚国民大学（1975 年）等也创办了日语讲座。当时，这些大学没有设立日语专业，只是将日语作为选修课来学习。与此同时，1968 年，马来西亚日语协会还创办了以普通成人为对象的日语学校，并开展日语讲座。

20 世纪 80 年代，马哈蒂尔提出"向东看"政策，意在引导马来西亚人从崇拜西方转向与东亚、东南亚国家合作。在这一政策的引导下，马来西亚人开始关注日本这个发达国家，对日语学习的兴趣也日渐高涨。1982 年，马来亚大学、马来工科大学等开始了面向赴日留学生、研修生

① ［日］国际交流基金：《海外日语教育现状——2012 年度日语教育机构调查》，黑潮出版，2013 年，第 47 页。

的预备教育。截至 2013 年 1 月，马来西亚共有 4 所机构开展预备教育，已培养超多 6000 名留学生赴日。

在中等教育上，2005 年之后部分中学也将日语作为选修科目，到 2013 年 1 月已扩大到 74 所学校。此外，从 1984 年开始，马来西亚政府还在一些当地人的住宿中学中开设日语选修科目，截至 2013 年 1 月，已扩大到 56 所学校。①

（五）菲律宾

2012 年，菲律宾的日语学习者人数约为 3.2 万人，居世界第 10 位。菲律宾的日语教育开展较早，从 1960 年在菲律宾大学、菲律宾女子大学等就开始举办日语讲座。然而菲律宾与西班牙、美国之间有漫长的历史渊源，在文化方面更倾向于欧美。即使菲律宾关注日本，也仅仅是因为有很多方面都涉及实际利益。因此，二战后很长一段时间，菲律宾的日语学习者并不多。

近年来，受《日菲经济合作协定》（EPA）、日资企业进驻、日本流行文化等影响，菲律宾开始更多关注日本，日语学习者大幅增加。在高等教育上，日语主要是作为选修科目。在中等教育上，只有部分私立高中实施日语教育。2009 年，菲律宾教育省宣布将日语、西班牙语、法语作为外语选择科目引入公立高中。2012 年，已有 21 所公立高中开展了日语教育。②

（六）新加坡

2012 年，新加坡的日语学习者人数约为 1 万人，居世界第 20 位，相比 2009 年机构数与学习者人数分别下降 4 成和 3 成。二战后新加坡的日语教育是由国家教育部门直接开展的。1961 年，根据科伦坡

---

① ［日］国际交流基金：《海外日语教育现状——2012 年度日语教育机构调查》，黑潮出版，2013 年，第 51 页。
② ［日］国际交流基金：《海外日语教育现状——2012 年度日语教育机构调查》，黑潮出版，2013 年，第 53 页。

计划①，新加坡聘请日本的专家为赴日留学生开办预备教育。1967年，新加坡教育部门又将日语、日本国情、日本文化列入中等教育的选修科目中。此外，新加坡还非常重视教师培养，自1970年起创办了日语教师培训讲座。1977年，新加坡又将日语指定为中学教学科目中的"第三国语"。

在高等教育上，1970年，新加坡大学语言学中心创办了以该校大学生以及普通成人为对象的日语讲座。同时，南洋大学语言学中心也将日语作为选修语种，创办了日语讲座。之后新加坡大学与南洋大学合并，组成了国立新加坡大学。1981年起，该校设立了日本研究学科，并添加日语科目。此后南洋理工大学（1994年）、新加坡经营大学（2005年）也开设了日语讲座。

受日资企业进驻增多的影响，20世纪80年代，新加坡政府开始推行"学习日本"运动，并迎来的第一次学习日语的热潮。这股热潮在1994年以后暂时停滞。1999年，受日本电视剧、漫画、动漫、J-pop、时尚等影响，新加坡掀起第二次日语学习热潮。

除了学校教育以外，以儿童、成人为对象的日语学校、地区团体、大学附属终身教育中心等也教授日语。据统计，2012年在学校教育以外学习日语者达46.6%。②

除上述国家之外，柬埔寨、缅甸、老挝、文莱也相应开展了日语教育，只是在规模与人数上相对较少，具体详见表4.3和4.4。

---

① 科伦坡计划是世界上第一批援助计划之一，它在20世纪50年代由英联邦国家发起，旨在通过以资金和技术援助、教育及培训计划等形式的国际合作，来加强南亚和东南亚地区的社会经济发展。
② ［日］国际交流基金：《海外日语教育现状——2012年度日语教育机构调查》，黑潮出版，2013年，第55页。

表 4.3　东南亚日语学习者人数、机构数、教师数

国家	2012 年			2015 年			
	学习者（人）	机构数（个）	教师（人）	学习者（人）	机构数（个）	教师（人）	每 10 万人口中学习者（人）
印度尼西亚	872411	2346	4538	745125	2496	4540	289
泰国	129616	465	1387	173817	606	1911	256
越南	46762	180	1528	64863	219	1795	69
菲律宾	33077	196	509	50038	209	721	50
马来西亚	32418	177	556	33224	176	430	110
缅甸	10515	20	190	11301	132	524	21
新加坡	3881	25	142	10.798	30	227	193
柬埔寨	3297	44	194	4009	29	157	26
老挝	464	7	26	1046	14	49	15
文莱	260	2	5	216	2	3	51
东南亚全体	1132701	3462	9075	1094437	3913	10357	173

资料来源：根据［日］国际交流基金：《海外日语教育现状——2015 年度日语教育机构调查》，国际交流基金，2017 年，第 24 页自行绘制。

表 4.4　2015 年东南亚各国各教育阶段的日语学习者人数

国家	2015 年			
	教育阶段的学习者构成（人）			
	初等	中等	高等	学校教育以外
印度尼西亚	6504	703775	26981	7865
泰国	3601	115355	24789	30072
越南	0	10995	19602	34266
菲律宾	1019	5595	15572	27852
马来西亚	0	17450	12442	3332
缅甸	0	0	762	10539
新加坡	18	1336	3947	5497
柬埔寨	15	648	583	2763
老挝	261	202	265	318
文莱	0	0	155	61
东南亚全体	11418	855356	105098	122565

资料来源：根据［日］国际交流基金：《海外日语教育现状——2015 年度日语教育机构调查》，国际交流基金，2017 年，第 24 页自行绘制。

二、日本在东南亚推广日语的主要措施

（一）积极响应科伦坡计划，向东南亚派遣日语专家，开展日语教育

根据科伦坡计划，自 1957 年开始，日本先后向越南、柬埔寨、菲律宾、新加坡等国派遣了日语专家。这些日语专家通过开展讲座、辅导赴日留学生预备教育、培训日语教师、指导大学以及私立学校

的日语课程、辅助技术研修人员的日语学习等积极开展日语教育。这项支援一直持续到 1975 年左右，为东南亚各国的日语教育打下了重要的基础。

（二）日本国际交流基金积极协助

日本国际交流基金自成立以来，积极协同东南亚各国，开展了多种多样的援助工作。例如，在新加坡，自 1978 年起，基金会派遣日语教育专家，在教育部门管辖的外语中心日语部内，创办了六年课程（中学四年、高中两年）的日语讲座，并提出"培养能够利用日语，站在外交、贸易、技术引进、旅游事业等第一线的人才"的培养目标。在印度尼西亚，1979 年 4 月，基金会成立了雅加达文化中心，继续开展之前由日本大使馆宣传中心举办的日语讲座等活动，使该中心成为印度尼西亚的日语教育基地之一。在泰国，自 1994 年开始，国际交流基金曼谷日本文化中心与泰国教育部共同开发制作了面向中等教育的日语教材、并实施了中等学校现职教师日语教师培训讲座。在泰国中等教育日语教师队伍中有超过一半的教师都参加过该讲座，对日语教育的推广发挥了重要作用。在菲律宾公立高中引入日语教育方面，国际交流基金马尼拉日本文化中心通过教材开发、培养教师等也进行了协助。

（三）日本政府大力援助

二战后，日本政府通过缔结赔偿协定，从经济上和技术上积极援助东南亚各国。这不仅成为东南亚人民关注日本、学习日语的原动力，也为日本政府推广日语创造了机会。日本政府通过政府出资、开发援助等手段大力协助了东南亚的日语教育事业。例如，1966 年，日本政府向亚洲的数所大学赠予日本研究讲座，以培养日本研究者；从 1966 年至 1976 年，日本青年海外协助队在老挝万象市的公立中学和教师培训学校内开展了日语教育；1967 年，在日印尼两国政府的同意下，在印度尼西亚大学创办以培养日本研究者为目的的日本研究讲座；自 1969 年开始，日新两国合作成立了新加坡造船工厂，为支援造船技术人员的技术研修，日本政府派遣专家来进行日语教育；1973 年，日本通商产业省协助泰国建立泰日经济技术振兴会的附属日语学校；1978 年，日本政府协助新加坡成立了以培养助理技术人才为目的的日本·新加坡职业培训中心，并将日语引进教学计划中；1984 年，由日本政府出资，为马来亚大学建造了一所日本研究馆，等等。

（四）日本大使馆积极开展日语讲座、协助当地日语教育

日本驻东南亚各国的大使馆从 20 世纪 50 年代末期开始，通过建立宣传文化中心、开展日语讲座等形式积极开展日语教育。例如，1966 年日本驻菲律宾大使馆宣传文化中心创办日语讲座，面向各种职业的人，开设了初级到高级班，接收了很多的日语学习者；1966 年日本驻印度尼西亚大使馆宣传文化中心创办日语讲座，平时的学习者能够达到一百名左右；1969 年日本驻泰国大使馆宣传文化中心创办日语讲座，并得到了泰国政府的认定，培养了大量日语学习者。

此外，日本大使馆还大力协助建立日语教育机构。例如，1966 年在驻新加坡日本大使馆的协助下，新日两国文化协会[①]创办了私立日语学校，该校规模庞大，学生人数超过 1000 名。

（五）通过举办亚洲国际动漫节，提升日本国家软实力

2008 年，日本在新加坡举办第一届亚洲动漫节（Anime Festival Asia，简称 AFA），这是目前东南亚地区最大的日本动漫与流行文化推展活动。举办动漫节的意义不仅在于发展日本文化产业、对宣传日本文化、提升日本国家软实力更具有重要作用。近年来，越来越多的东南亚人民，特别是青年人，因为喜欢日本的动漫流行文化而关注日本、学习日语。从 2012 年开始，除了新加坡的主会场外，日本在印尼、马来西亚也设立了动漫节分会场，参加动漫节的人数超过 8.5 万人。

---

① 新日两国文化协会是 1963 年成立的民间团体，以新加坡和日本的友好、亲善为目的。

三、东南亚日语教育的特点和效果

2015 年，东南亚国家共有日语学习者 1094437 人，其中印度尼西亚占压倒性比重为 68.1%，其次是泰国 15.9%，越南 5.9%，菲律宾 4.6%，马来西亚 3%，缅甸 1%，其余 4 国均不到 1%。每 10 万人口中学习者数印度尼西亚最多为 289 人，其次是泰国为 256 人，新加坡居第 3 位，为 193 人。东南亚各国的日语教育主要有以下特点：

第一，受教育部门政策影响较大。例如：2012 年泰国的日语学习者人数相比 2009 年增加了 64.5%，特别是中等教育的学习者增加了 108.3%，2015 年又继续增加 34.1%。其背后当然存在日泰经济关系增强、泰国亲日感情上升、日本动漫流行文化影响、日本旅游热潮兴起等众多原因，而不可忽视的最为重要的原因在于泰国教育部的政策，即 2008 年的《佛历 2551 年课程》以及 2010 年开始展开的 World-Class Standard School（世界级标准学校），进一步扩充第二外语、将之前仅限于文科学生选修的第二外语扩大到理科学生。

第二，中等教育、职业高中等日语学习者占大多数。由于印度尼西亚、泰国、马来西亚等国将日语作为第二外语在高中阶段开展，因此中等教育中日语学习者人数比例非常高，为 84.5%。而越南、新加坡、柬埔寨、缅甸、老挝是学校教育以外，即社会教育的日语学习者占多数。菲律宾和文莱是高等教育的日语学习者占多数。

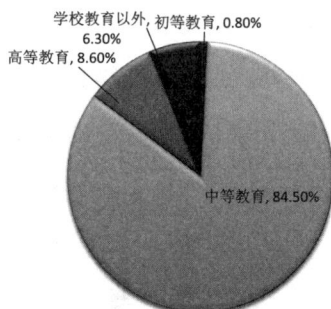

图 4.7 东南亚不同教育阶段学习者比例

资料来源：[日]国际交流基金：《海外日语教育现状——2012 年度日语教育机构调查》，黑潮出版，2013 年 12 月，第 37 页。

第三，学习日语的目的比较集中，主要为用日语交流、对日语本身的兴趣、将来的就业，如图 4.8 所示。东南亚国家虽然也曾被日本短暂殖民统治，但由于其被殖民历史较长，因此战后与日本的关系修复也比较良好。虽然如此，但东南亚的日语教育发展并不均衡，有些国家非常缓慢，而且容易受一些因素影响，如新加坡受韩流影响而扩大韩语教育。有些国家更愿意接受西方文化，对日语学习存在短期功利主义心理，是为了就业需要而学习。

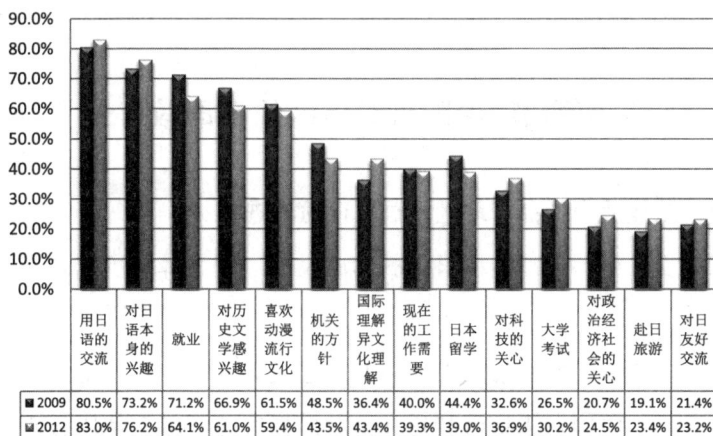

	用日语的交流	对日语本身的兴趣	就业	对历史文学感兴趣	喜欢动漫流行文化	机关的方针	国际理解异文化理解	现在的工作需要	日本留学	对科技的关心	大学考试	对政治经济社会的关心	赴日旅游	对日友好交流
2009	80.5%	73.2%	71.2%	66.9%	61.5%	48.5%	36.4%	40.0%	44.4%	32.6%	26.5%	20.7%	19.1%	21.4%
2012	83.0%	76.2%	64.1%	61.0%	59.4%	43.5%	43.4%	39.3%	39.0%	36.9%	30.2%	24.5%	23.4%	23.2%

图 4.8 东南亚人学习日语的目的调查（2012 年）

资料来源：根据[日]国际交流基金：《海外日语教育现状——2012 年度日语教育机构调查》，黑潮出版，2013 年 12 月，第 37 页数据自行绘制。

第四，在日语教育存在问题的调查中，对设施设备、教学方法、教材方面还期待更多改善。另外，学习者不热心占第4位，这主要是由于东南亚的一些国家的中等教育中存在一定数量的强制日语学习者。

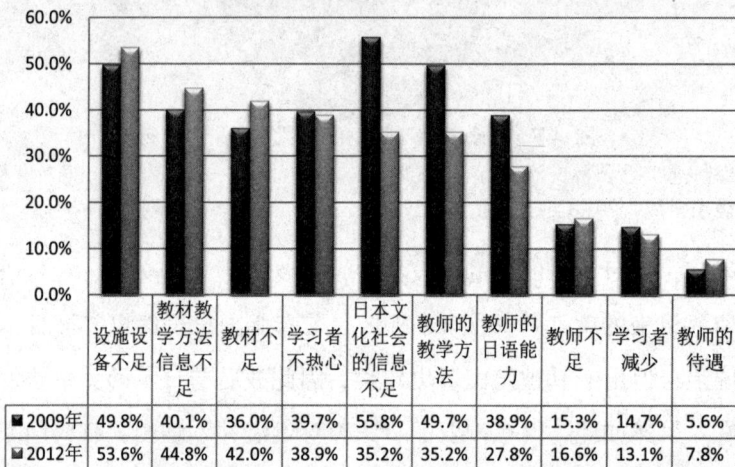

	设施设备不足	教材教学方法信息不足	教材不足	学习者不热心	日本文化社会的信息不足	教师的教学方法	教师的日语能力	教师不足	学习者减少	教师的待遇
2009年	49.8%	40.1%	36.0%	39.7%	55.8%	49.7%	38.9%	15.3%	14.7%	5.6%
2012年	53.6%	44.8%	42.0%	38.9%	35.2%	35.2%	27.8%	16.6%	13.1%	7.8%

图 4.9 东南亚日语教育存在问题的调查（2012 年）

资料来源：根据［日］国际交流基金：《海外日语教育现状——2012 年度日语教育机构调查》，黑潮出版，2013 年 12 月，第 37 页数据自行绘制。

第四节 中国台湾地区的日语教育

一、二战后中国台湾地区日语教育的演进

二战后，中国台湾地区日语教育的发展过程大体上可以划分为四个时期。

（一）日语教育的艰难期（1945 年至 1972 年）

二战后，中国台湾地区禁止在公共广播等公开场合使用日语。然而日本与中国台湾地区之间人员、经济交流并没有中断，因此日语教育还是有需求空间的。这一时期，承担日语教育的主要是民间日语学校。一

些五年制专科学校、综合大学、学院以及三年制专科学校将日语作为第二外语之一，或者补习课，提供学习机会。从 1963 年开始，台湾文化大学、淡江大学、台湾辅仁大学、东吴大学这 4 所私立大学相继设立了专修日语、日本文学和日本文化的东方语言文学系，其中中国文化大学还设立了专修日本文化的研究生院。当时，东方语言文学系并不受考生们的欢迎，几乎没有学生在第一志愿栏内填写。而在一些私立学校，特别是与观光、贸易相关的专业对日语学习比较有热情。

（二）日语教育的恢复期（1972 年至 1987 年）

1972 年，中日恢复邦交正常化后，日本与台湾当局取消正式的往来。但是人员、经济交流不但没有中断，反而不断扩大，急需日语人才。在这一时期，中国台湾地区的日语教育是以上述 4 所学校为中心正式开展的。同时，大部分公办学校、私立学校、大学、学院、专科学校等都将日语作为第二外语或是补习课程来教授。民间教育中的日语补习班也飞速增长。

（三）日语教育开始步入正轨的时期（1987 年至 2000 年）

1987 年，台湾当局解除了持续 38 年的戒严令。1989 年台湾政治大学、1994 年台湾大学设立了日语专业后，中国台湾地区各地大学纷纷开设日语专业。日语文学会、日语教育学会也相继设立。这一时期，一些从台湾大学毕业留学日本的学生后来成了日语教师，使大学日语教育得到了惊人的发展。这一时期是中国台湾地区的日语教育、日本研究开始步入正轨的时期。

此外，1996 年普通高校开始试行第二外语教育，学生可以从日语、德语、法语、西班牙语 4 种语言中选择一种，结果希望学习日语者占 7 成以上。1997 年，由于要求初中 3 年级学生也学习第二外语，于是出现了很多初中高中一贯制学校选择日语教学。因此中等教育机构的日语学习者人数出现飞跃增长，中国台湾地区参加日语能力考试初级的考生也显著增加。

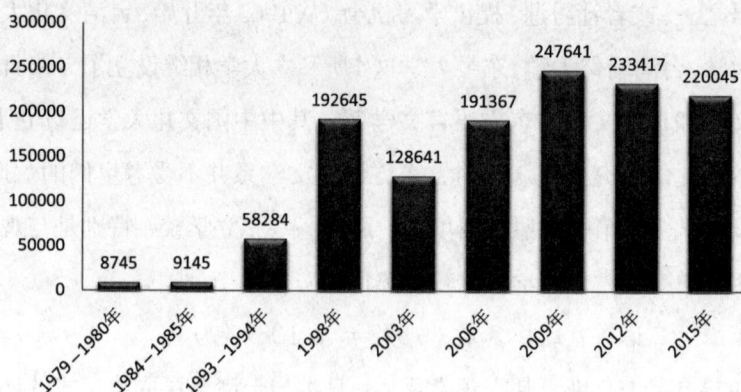

图 4.10 中国台湾地区日语学习者人数统计（单位：人）

资料来源：根据［日］日本国际交流基金主页，http://www.jpf.go.jp/j/japanese/survey/result/index.html 提供的数据自行绘制。

（四）日语教育的稳定增长期（2000 年至今）

2000 年以后，中国台湾地区开设日语专业的学校也接连不断，根据 2012 年的调查，共有日语专业的高等教育机构 49 所，其中具有研究生学位授予权的有 18 所（具备博士学位授予水平的有 1 所，其余为硕士）。同时，日语语言文艺研究学会、应用日语学会相继设立。

表 4.5 2015 年中国台湾地区日语教育机构、教师与学习者数量

教育机构			851
教师（人）			3877
学习者（人）	初等教育	正规科目	2820
		课外活动	271
		合计	3091
	中等教育	正规科目	65890
		课外活动	9698
		合计	75588
	高等教育	日语专业	18875
		非日语专业	79176
		课外活动	984
		合计	99035
	学校教育以外		42331
	合计		220045

资料来源：根据［日］国际交流基金：《海外日语教育现状——2015年度日语教育机构调查》，国际交流基金，2017年，第46—47页数据自行绘制。

二、日本在中国台湾地区推广日语的主要措施

第一，日本驻台机构、交流协会的大力协助。20世纪60年代末，由于缺少可以教授现代日语标准发音，精通最新的语言理论、外语教学法、日语教学法的日语教师，淡江大学最早向日本大使馆提出请求支援，外务省于是开始向中国台湾地区派遣日语教育专家。1972年，日本方面以民间团体名义设置财团法人交流协会继续负责相关事务。受中国台湾地区一些大学的邀请，交流协会通过派遣专家，以4所大学为核心，指导与协助日语教育。70年代后期，在日本专家的指导下，这4所大学很多学生得以进入日本国立大学的大学研究生院留学，学习日语、日本文学、比较文学、语言学等。

第二，日本学校通过接待游学、交换留学生、互认学分等积极促进日语推广。例如，台湾政治大学日文系每年暑假举办到日本游学1个月活动，3周上课、1周参观访问。课程由日本文化、文学、社会、历史、语言相关领域的教授承担。上午上课，下午安排游学团与日本大学生交流。同时让游学团参观日本各地的庆典，亲身体验日本文化。此外，偶尔也会安排到日本友人家寄宿2夜3天，体验日式家居生活。目前与政大有姊妹学校关系的有东京外国语大学、筑波大学、御茶水女子大学、早稻田大学、庆应大学、秋田国际教养大学、宇都宫大学、立命馆大学、杏林大学等12所。每校可交换留学生1至5名不等。留学时间为半年或一年，学校承认对方学分。[①]

三、日语教育在中国台湾地区的特点和效果

2015年，中国台湾地区的日语学习者约有22万人，位居世界第5位。

---

① 蔡琼芳：《台湾的日语教育——以政治大学日文系为例》，《国外外语教学（FLTA）》，2007年第2期。

其日语教育主要有以下特点：

第一，二战后，虽然大部分学生对日本研究、日语学习毫无兴趣，但由于经济、观光、贸易等原因，日语教育一直持续。中国台湾地区日语教育从日据时代至今已有百年历史。中国台湾地区人民对日本有着极为复杂的感情，一方面二战后中国台湾禁止在公共场合使用日语，一方面在民间人员、经济交流的需求下又一直存在各种民间日语教育机构，特别是教师队伍中，有很多是二战前接受日语教育的人以及遗留在当地的日本人。这使得中国台湾地区的日语教育既有继承的一面，也有现实利益的一面。

第二，在日语学习目的的调查中，"赴日旅游"与"用日语交流"明显增加。2013 年，从中国台湾地区赴日本的人员数量以及申请打工假期（Working Holiday）的人数均创下最高纪录。

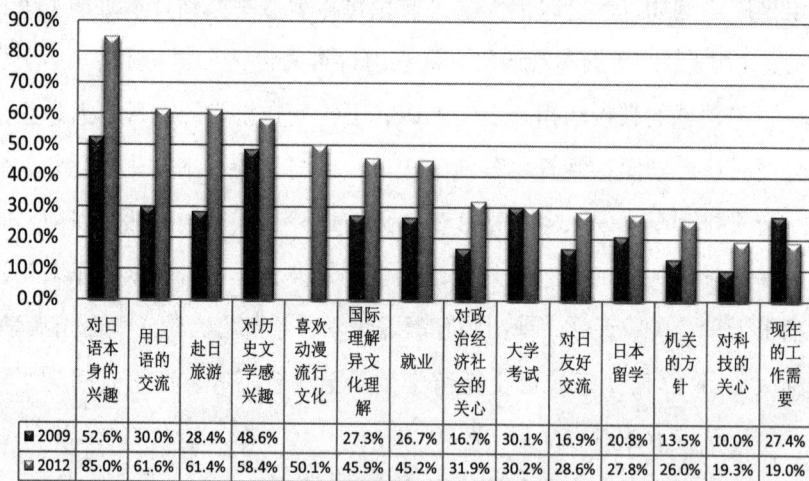

	对日语本身的兴趣	用日语的交流	赴日旅游	对历史文学感兴趣	喜欢动漫流行文化	国际理解异文化理解	就业	对政治经济社会的关心	大学考试	对日友好交流	日本留学	机关的方针	对科技的关心	现在的工作需要
2009	52.6%	30.0%	28.4%	48.6%		27.3%	26.7%	16.7%	30.1%	16.9%	20.8%	13.5%	10.0%	27.4%
2012	85.0%	61.6%	61.4%	58.4%	50.1%	45.9%	45.2%	31.9%	30.2%	28.6%	27.8%	26.0%	19.3%	19.0%

图 4.11　中国台湾人学习日语的目的调查（2012 年）

资料来源：根据［日］国际交流基金：《海外日语教育现状——2012 年度日语教育机构调查》，黑潮出版，2013 年 12 月，第 32 页数据自行绘制。

第三，在日语教育存在问题的调查中，最大的问题是教师不足，其他各项均低于世界平均水平。

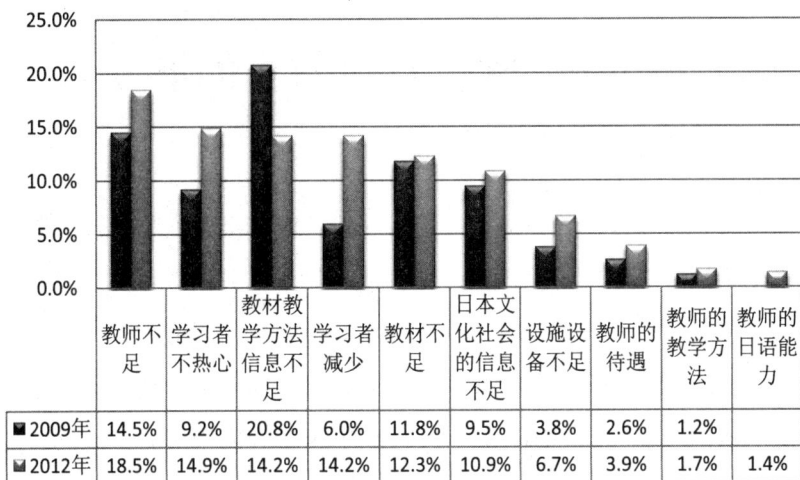

	教师不足	学习者不热心	教材教学方法信息不足	学习者减少	教材不足	日本文化社会的信息不足	设施设备不足	教师的待遇	教师的教学方法	教师的日语能力
2009年	14.5%	9.2%	20.8%	6.0%	11.8%	9.5%	3.8%	2.6%	1.2%	
2012年	18.5%	14.9%	14.2%	14.2%	12.3%	10.9%	6.7%	3.9%	1.7%	1.4%

图 4.12 中国台湾地区日语教育存在问题的调查（2012 年）

资料来源：根据［日］国际交流基金：《海外日语教育现状——2012 年度日语教育机构调查》，黑潮出版，2013 年 12 月，第 33 页数据自行绘制。

第四，学习者总数虽然减少，但是中等教育阶段的日语教育规模有所扩大。2015 年与 2012 年相比，学习者人数减少。其原因主要是伴随少子化的大学学科重组、学校教育机构更重视英语教育、对韩语与韩国文化加大关注等。2012 年，中等教育中的日语学习者占 36.6%，特别是在中等教育在籍学生总数减少的背景下，日语学习人数反而上升，非常值得关注。这主要是因为教育部门于 1999 年开始实施"推动高级中学第二外语五年计划"，到现在已经进入第三期。据统计，各高中在 2002学年度第一学期开设第二外语的有 105 所学校，其中开设日语班数最多，共有 450 个班。从授课班级数来比较，日语的选修生最多，超过法语的四倍以上，显示在高中的日语教育蓬勃发展。[①]

---

① 夏蕙兰：《台湾大学入学考试改革的看法和今后发展趋势》，《考试研究》，http://www.zhaokao.net/ksyj/sanji_article.jsp?tz=erji&weizi=hwks&id=89。

第五章 欧美日语教育的展开

欧美是海外日语教育的重要地区。日本向非汉字圈国家输出语言，面临很多困难。尽管如此，2015 年，澳大利亚的日语学习者约有近 35.7 万人，位居世界第 4 位；美国的日语学习者约有 17.1 万人，位居世界第 7 位；西欧共有日语学习者 8.4 万人，各国较为分散，主要集中在法国、英国、德国、意大利等国。本章将以欧美主要国家为对象，就该国日语教育的演进、日本在该国推广日语教育的主要措施、该国日语教育的特点和效果等分别进行分析。

第一节 澳大利亚的日语教育

一、澳大利亚日语教育的演进

19 世纪末，日澳两国因毛纺业而建立了稳定的贸易关系。1901 年澳大利亚作为英联邦国独立。1902 年，根据日英同盟，由日本海军担负保护澳大利亚的部分安全，尽管如此，澳大利亚为了抵制日本在西太平洋地区的扩张一直非常担心与警惕日本，并且提出限制亚洲移民的"白澳政策"。太平洋战争爆发后，日军挺进西南太平洋地区，并将战火蔓延到澳大利亚。澳大利亚政府对日宣战，并积极联美抗日，最终粉碎了日本的威胁。

追溯战争结束前澳大利亚的日语教育，最早的记录是在 1906 年，日本人高须贺穰在墨尔本的 Stotts & Hoare's 商业学校教授日语。1917 年，出于国防上的理由，陆军士官学校和悉尼大学开始日语教育。1918 年，在堡垒街中学、北悉尼中学等中等教育机构中也开始了日语教育（1927年中止，1946年再开）。1936年，在维多利亚州的中等教育毕业考试中引入日语科目。1944年，澳大利亚空军日语学校成立（1946年关闭）。

二战后，澳大利亚国内仍然充满着对日本的仇恨。然而随着冷战的展开，特别是朝鲜战争的爆发，日澳两国在安全关系上实现了重大转变，成为间接的盟友。1957年，澳大利亚与日本签订贸易协定，两国经贸关系迅速发展。二战后澳大利亚的日语教育是从 20 世纪 60 年代以后开始的，其发展过程大体上可以划分为以下四个时期。

（一）日语教育的恢复期（1960 年至 1987 年）

20 世纪 60 年代开始，澳大利亚的高等教育以及中等教育重新开始了日语教育。1963 年，澳大利亚国立大学（Australian National University）率先开始了日语教育。此后，墨尔本大学（The University of Melbourne，1965 年）、昆士兰科技大学（Queensland University of Technology，1965 年）、格里菲斯大学（Griffith University，1967 年）、阿德莱德大学（The University of Adelaide，1967 年）、塔斯马尼亚大学（University of Tasmania，1967 年）、莫纳什大学（Monash University，1975 年）也陆续开始了日语教育。1967 年，还举办了第一次全澳辩论大会。进入 70 年代以后，很多州都将日语作为中等教育毕业考试科目。1975 年，新南威尔士州认定日语为现代语科目，昆士兰州公立学校开始日语教育。1977 年，中等教育教材《日语》发行。1980 年，澳大利亚日语研究学会（JSAA）成立。1984 年，日语能力考试开始实施。

（二）日语教育的高潮期（1987 年至 2000 年）

1987 年，联邦议会制定《语言国家政策》，推进 LOTE（Language Other Than English）教育，即为了经济、外交上的实际利益，以中等教育为核心推进英语以外的语言教育，其中包括日语。在这个政策影响下，澳大利亚的日语教育才真正开始规模性扩大。1994 年，澳大利亚又公布了《澳大利亚学校中亚洲语言学习的国家战略》（NALSAS），将日语、汉语、印度尼西亚语、韩语列为优先语言。这意味着澳大利亚放弃了之前的"白澳政策"，开始实施多元化主义的"脱欧入亚"战略。在这一背景下，20世纪八九十年代，澳大利亚掀起了被称为"海啸"的日语学习热潮。1992年，导入日语课程的小学开始增多。1993年，日语学习者数占全体国民的1%。1998年，日语学习人数超过30万人。[①]

（三）日语教育的停滞期（2000年至2009年）

2000年以后，由于政权交替《澳大利亚学校中亚洲语言学习的国家战略》（NALSAS）提前结束、日本经济又陷入低迷等多种原因日语教育停止增长。2006年日语学习者比2003年减少约4.1%，出现首次下降。2007年，陆克文率领工党再次夺回政权，亚洲语言政策也得到恢复。2009年，《澳大利亚学校中亚洲语言学习的国家战略》（NALSAS）的后续项目《学校中亚洲语言学习的国家战略》（NALSSP）开始实施。

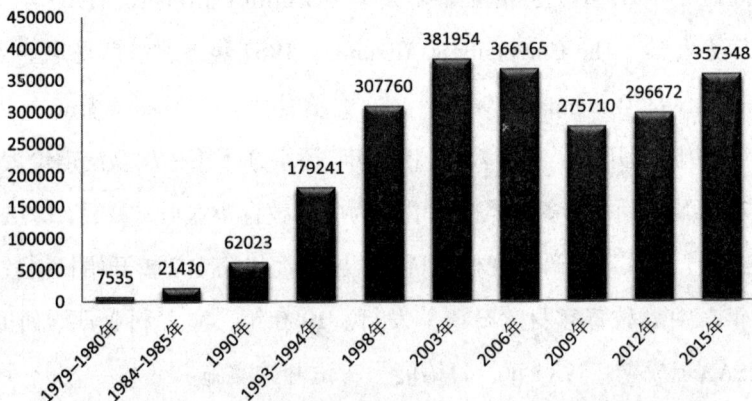

图5.1 澳大利亚日语学习者人数统计（单位：人）

资料来源：根据［日］日本国际交流基金主页，http://www.jpf.go.jp/j/japanese/survey/result/index.html 提供的数据自行绘制。

[①] 《日语教育国别信息——澳大利亚》，日本国际交流基金主页，http://www.jpf.go.jp/j/japanese/survey/country/2013/australia.html#TOP。

（四）日语教育的再次增长期（2009年至今）

2009年，日语学习者人数减少到约27.5万人。《澳大利亚学校中亚洲语言学习的国家战略》（NALSAS）实施后，2012年日语学习者为296672人，比2009年增加7.6%，机构数增加12.5%，教师人数增加5.4%。2012年10月，澳大利亚又发布《亚洲世纪中的澳大利亚》，强调了包括日语在内的亚洲语言的重要性，并承诺所有澳大利亚学生都将有机会并被鼓励学习一种亚洲语言。此外，2012年澳大利亚还召开了全澳日语教育研讨会。这一系列举措在2015年的调查数据中效果明显，日语学习者为357348人，比2012年增加20.5%，机构数增加17.3%，教师人数增加4.3%。

表5.1 2015年澳大利亚日语教育机构、教师与学习者数量

教育机构			1643
教师（人）			2800
学习者（人）	初等教育	正规科目	208396
		课外活动	727
		合计	209123
	中等教育	正规科目	137147
学习者（人）	中等教育	课外活动	1198
		合计	138345
	高等教育	日语专业	1354
		非日语专业	4745
		课外活动	321
		合计	6420
	学校教育以外		3460
合计			357348

资料来源：根据[日]国际交流基金：《海外日语教育现状——2015年度日语教育机构调查》，国际交流基金，2017年，第46—47页数据自行绘制。

二、日本在澳大利亚推广日语教育的主要措施

（一）通过国际交流基金悉尼日本文化中心支援日语教育

1991年，国际交流基金悉尼日本文化中心成立。中心的日语教育部门主要以全澳大利亚以及部分新西兰为对象，以初、中等教育为中心，

支援教师与学习者。主要事业包括召开教师研修会、协办其他机构研修会、教材开发、日语讲座、教师在线讲座、为日语辩论大会提供奖励、咨询、信息提供与收集等。此外，每月通过发行电子杂志《联系》与更新主页提供日语、日本文化信息以及教材等。据统计，2011 年 4 月至 2012 年 3 月，中心专家共在 24 个机构的教师研修会上讲座，对 1817 人进行了教师研修。[①]

（二）派遣专家、教师

1990 年，日本制定了派遣公立中学教师赴海外中等教育机构开展日语教育的计划，即《外国教育设施日语指导教员派遣事业》（REX 计划），由文部省、总务省以及地方公共共同团体实施，根据该计划，每年向澳大利亚国派遣十名左右教师。从 1991 年开始，国际交流基金每年向悉尼日本文化中心派遣五名左右的专家与助手。此外国际交流基金每年还向澳大利亚各州教育部派遣专家以及青年日语教师数名。此外，一些民间实习机构，特别是大学之间也积极开展教师派遣事业。

三、日语教育在澳大利亚的特点和效果

2015 年，澳大利亚的日语学习者约有近 35.7 万人，位居世界第 4 位。澳大利亚的日语教育主要有以下特点：

第一，日语学习者集中在初等教育与中等教育阶段。其中初等教育占 58.1%，中等教育占 37.9%，二者之和为 96%。这主要是受政府语言政策与教育制度的影响。与此相对的是，近年来，澳大利亚的高等教育机构日语教育与研究呈现缩小态势，一些大学甚至取消了日语教育。

第二，在学习日语目的的调查中，选择"对日语本身的兴趣"与"喜欢动漫流行文化"两项最多，合计达到 62.5%。这说明在澳大利亚日本文化以其独特性具有很大吸引力。

---

① 《世界日语教育现场》，日本国际交流基金主页，http://www.jpf.go.jp/j/japanese/dispatch/voice/taiyoushu/australia/2012/report03.html。

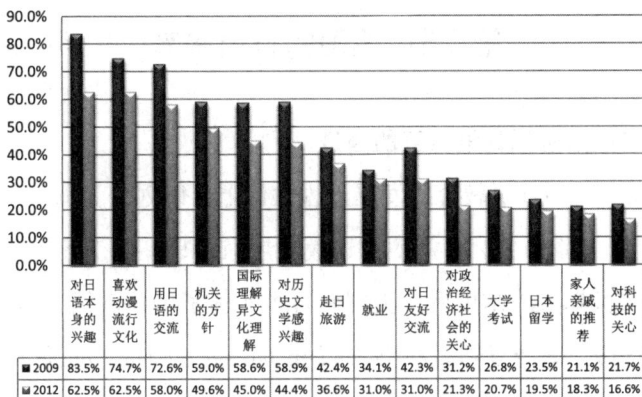

	对日语本身的兴趣	喜欢动漫流行文化	用日语的交流	机关的方针	国际理解异文化理解	对历史文学感兴趣	赴日旅游	就业	对日友好交流	对政治经济社会的关心	大学考试	日本留学	家人亲戚的推荐	对科技的关心
2009	83.5%	74.7%	72.6%	59.0%	58.6%	58.9%	42.4%	34.1%	42.3%	31.2%	26.8%	23.5%	21.1%	21.7%
2012	62.5%	62.5%	58.0%	49.6%	45.0%	44.4%	36.6%	31.0%	31.0%	21.3%	20.7%	19.5%	18.3%	16.6%

图 5.2 澳大利亚人学习日语的目的调查（2012 年）

资料来源：根据［日］国际交流基金：《海外日语教育现状——2012 年度日语教育机构调查》，黑潮出版，2013 年 12 月，第 64 页数据自行绘制。

　　第三，中等教育中日语学习的最大问题就是学生数量不稳定。这一方面是由于制度层面、教师资质、教科书教材不足等原因，但其主要原因是日语与欧洲语系不同，对学生来说是完全陌生的语言，学习困难，热情不高。

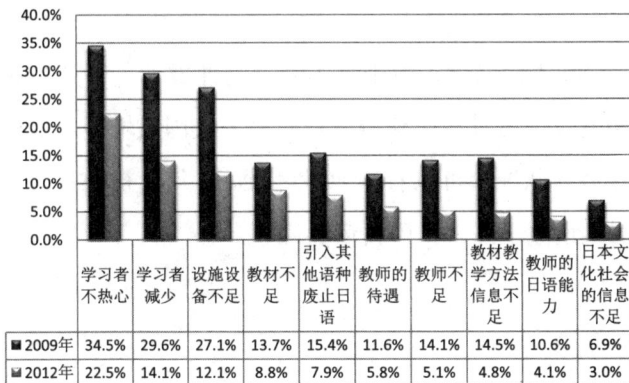

	学习者不热心	学习者减少	设施设备不足	教材不足	引入其他语种废止日语	教师的待遇	教师不足	教材教学方法信息不足	教师的日语能力	日本文化社会的信息不足
2009年	34.5%	29.6%	27.1%	13.7%	15.4%	11.6%	14.1%	14.5%	10.6%	6.9%
2012年	22.5%	14.1%	12.1%	8.8%	7.9%	5.8%	5.1%	4.8%	4.1%	3.0%

图 5.3 澳大利亚日语教育存在问题的调查（2012 年）

资料来源：根据［日］国际交流基金：《海外日语教育现状——2012 年度日语教育机构调查》，黑潮出版，2013 年 12 月，第 65 页数据自行绘制。

第二节 美国的日语教育

一、二战后美国日语教育的演进

二战后，美国日语教育的发展过程大体上可以划分为以下三个时期：

（一）以日本研究为目的的日语教育期（1945年至20世纪70年代末）

第二次世界大战结束后，美国对日本实施了单独占领。1945年，美国国防部出版了日语学习教科书 *Spoken Japanese Basic Course*（《日语口语基础课程》）（2卷），用于在美军中实行日语教育。1946年，美国科内尔大学开始了日语研究计划。1952年，美国国务院外交官培训机构在日本设立分校——美国国务院日语研修所，以美国外交官、政府职员、加拿大、澳大利亚、新西兰各国政府的委托研修生为对象，开展日语以及日本国情相关教育。1962年，以美国、加拿大为中心的一些日语教育相关者、日本文学、日本文化研究者成立了国际团体美国日语教育协会（ATJ）。1963年，美国哥伦比亚大学等11所高校联合建立日语教育机构——美国加拿大11大学联合日本研究中心。

（二）日语教育的高潮期（20世纪80年代至90年代初）

20世纪80年代以后，由于日本经济高速发展、日资企业不断进入美国，希望通过学习日语而获得就业机会的美国人增多。审视这一阶段美国的日语教育状况，可以看到80年代到90年代初是日语教育的高潮期，这一时期设立了许多日语教育项目。

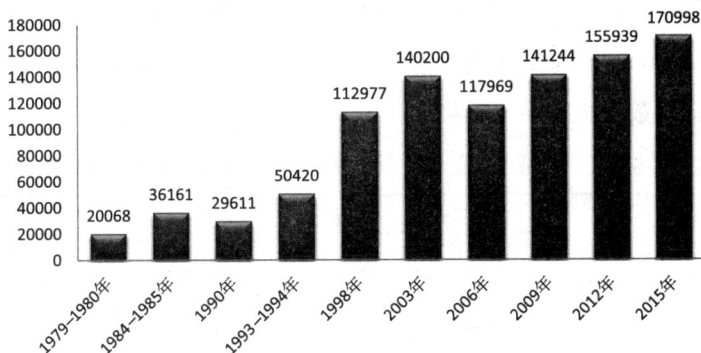

图 5.4 美国日语学习者人数统计（单位：人）

资料来源：根据［日］日本国际交流基金主页，http://www.jpf.go.jp/j/japanese/
survey/result/index.html 提供的数据自行绘制。

（三）日语教育的持续增长期（20 世纪 90 年代后期至今）

20 世纪 90 年代初，受日本泡沫经济崩溃的影响，美国也由于经济不景气，使连续增加 35 年的日语学习者锐减。此前日语教育的高潮期虽然结束，但是随着美国人对日本的大众文化，即流行文化、漫画、动画、电视节目、时尚等兴趣的增加，学习日语的人数还是持续增加。根据国际交流基金会举行的日语教育机构调查显示，1993 年在美国学习日语的人数约为 5 万，1998 年约为 11 万，2003 年约为 14 万人，10 年间的增长幅度非常大。另一方面，进行日语教育的机构数量从 1993 年的 602 所，增加到 1998 年的 1522 所，但到 2003 年则减少到了 1254 所。① 由此可以看出日语教育机构的数量供不应求的状况。

2010 年，美国联邦政府追加日语为国务院重要语言奖学金。与此同时，教育部开展的调查显示，在行政部门中有六大部门认为"日语是优先语言或重要语言"。此外，据联邦商务部经济分析局的调查显示，2010 年，日本对美国的直接投资为美国创造了 65.5 万个工作岗位。日

① 日本国际交流基金主页，http://www.jpf.go.jp/j/japanese/survey/result/index.html。

本在美国 50 个州的 44 个州，经济输出都位于前 10 位，日美经济关系依然非常紧密。[①] 受上述这些因素影响，2015 年度，美国的日语学习者人数、机构数均呈现增加趋势。[②]

表 5.2 2015 年美国日语教育机构、教师与学习者数量

教育机构			1462
教师（人）			3894
学习者（人）	初等教育	正规科目	17551
		课外活动	1902
		合计	19453
	中等教育	正规科目	67527
		课外活动	6121
		合计	73648
	高等教育	日语专业	7289
		非日语专业	53855
		课外活动	6191
		合计	67335
	学校教育以外		10562
	合计		170998

资料来源：根据［日］国际交流基金：《海外日语教育现状——2015 年度日语教育机构调查》，国际交流基金，2017 年，第 46—47 页数据自行绘制。

二、日本在美国推广日语教育的主要措施

第一，派遣专家、教师。1988 年，日本北美大学教育交流委员会[③]开始向美国派遣教师。2010 年，日美首脑会谈提出要加强支援日美间文化、人员交流以及加强美国的日语教育，并制定了《美国青年日语教员派遣事业》计划，决定向美国初、中等教育机构派遣青年日语教师。该

---

① ［日］国际交流基金：《海外日语教育现状——2012 年度日语教育机构调查》，黑潮出版，2013 年，第 73 页。

② 2015 年美国的日语学习者人数为 170998 人，机构数为 1462 个，分别比 2012 年增加 9.7%、0.9%。

③ 北美大学教育交流委员会 1988 年成立于东京，致力于国际交流事业，2002 年停止活动，2004 年非营利组织 ALLEX 继承了该委员会事业。

项计划于 2011 年由国际交流基金与美国ローラシアン协会共同实施。
2013 年 11 月,向全美 15 个州的初、中等教育机构派遣了 21 名青年教师。
此外,一些民间日语学校,特别是日语教师培养机构也通过合作机构、
国际交流团体等进行派遣教师项目。

第二,日本国际交流基金积极协助。为了推进日美两国分担国际责
任、贡献世界、在相互理解的基础上实现合作关系、促进日美两国各界
对话和交流,1991 年 4 月,日本成立了国际交流基金日美中心。其事业
主要包括:人才培养、研究支援、美日交流、共同研究以及各种志愿者
活动等。此外,1992 年,国际交流基金在洛杉矶成立日语中心,并于翌
年,开始在美国实施日语能力考试。

第三,日本政府的大力协助。1990 年,日本制定了派遣公立中学
教师赴海外中等教育机构开展日语教育的计划,即《外国教育设施日语
指导教员派遣事业》(Program for Regional and Educational Exchanges for
Mutual Understanding,简称 REX 计划),由文部省、总务省以及地方公
共共同团体实施,第一批向美国派遣了 13 名教师。[①] 根据该计划,此后
每年向美国各地派遣十名左右教师。

三、日语教育在美国的特点和效果

2015 年,美国的日语学习者约有 17.1 万人,位居世界第 7 位。美
国的日语教育主要有以下特点:

第一,关于学习日语的动机,20 世纪 80 年代至 90 年代初绝大部分
是由于商业、就业等经济上的考虑,而今则逐渐转为对动漫、游戏的喜
爱等。虽然学校教育中存在很多因为喜爱日本流行文化而选择日语作为
第二外语的学习者,但多数成绩平平,并不深入学习,这也成为近年来
美国日语教育的一个问题点。

---

① 《外国教育设施日语指导教员派遣事业(REX 计划)》,日本文部省主页,
http://www.mext.go.jp/b_menu/hakusho/html/others/detail/1318585.html。

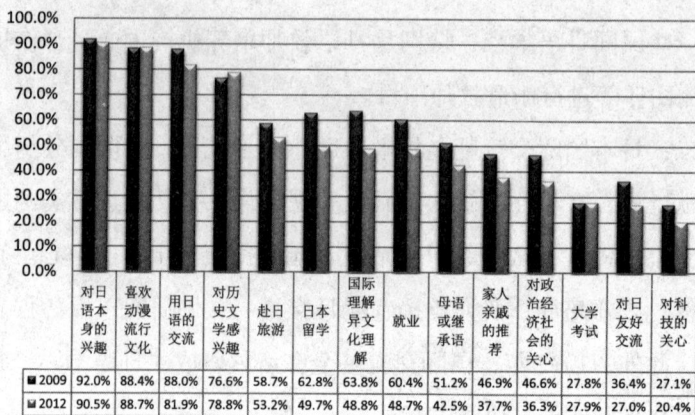

图 5.5 美国人学习日语的目的调查（2012 年）

资料来源：根据［日］国际交流基金：《海外日语教育现状——2012 年度日语教育机构调查》，黑潮出版，2013 年 12 月，第 72 页数据自行绘制。

　　第二，在日语教育存在问题的调查中，学习者减少占最高比例。这一方面是受美国教育改革的影响。美国于 2001 年实施了《不让一个儿童落后法案》，对于教师资格认证变得更严。据说全美初、中级的日语教师大约有一千名，可是其中的相当部分是不具备教师资格的。如果这些教师离开教师岗位的话，随之而来可能引起日语教育项目本身的终止。[①]另一方面，近年来，美国对于汉语的关注度在增大。美国教育部的"协助发展外国语教学计划"（FLAP）的协助项目中，2005 年，汉语 2 项，日语 3 项；而 2006 年却变化成了汉语 50 项，日语 7 项。而 2006 年开始的大学预科（AP）中，虽然加入了日语和汉语的项目，但是希望增加汉语的高中有 2400 所，希望增加日语的学校仅有 175 所。可见，日本在美国的日语推广面临一定压力。

---

① ［日］金子将史主编：《公共外交"舆论时代"的外交战略》，外语教学与研究出版社，2010 年，第 203 页。

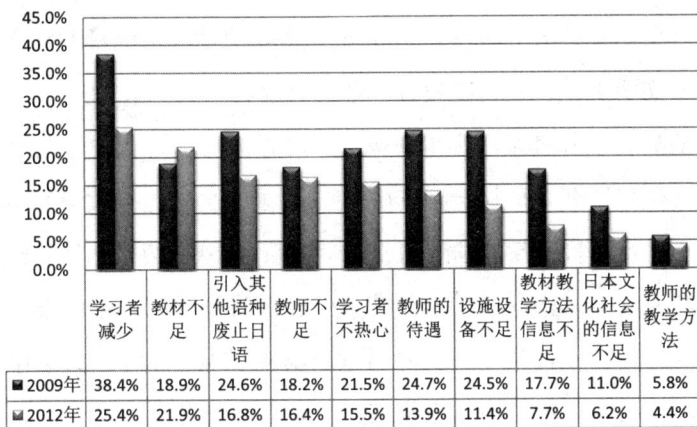

	学习者减少	教材不足	引入其他语种废止日语	教师不足	学习者不热心	教师的待遇	设施设备不足	教材教学方法信息不足	日本文化社会的信息不足	教师的教学方法
■2009年	38.4%	18.9%	24.6%	18.2%	21.5%	24.7%	24.5%	17.7%	11.0%	5.8%
▨2012年	25.4%	21.9%	16.8%	16.4%	15.5%	13.9%	11.4%	7.7%	6.2%	4.4%

图 5.6 美国日语教育存在问题的调查（2012 年）

资料来源：根据［日］国际交流基金：《海外日语教育现状——2012 年度日语教育机构调查》，黑潮出版，2013 年 12 月，第 73 页数据自行绘制。

第三节 西欧的日语教育

一、西欧日语教育的演进

西欧广义上是指位于欧洲西部、中部和北部的地区，面积约 500 万平方千米，人口 4 亿多。由法国、英国、德国、意大利、西班牙、爱尔兰、瑞典、瑞士、芬兰、奥地利、比利时、荷兰、挪威、葡萄牙、丹麦、希腊、卢森堡、冰岛、摩纳哥、马耳他等国家组成。

2015 年，西欧共有日语学习者 83559 人，各国较为分散，主要集中在法国、英国、德国、意大利等国。其中法国占 25%、英国占 24%、德国占 15.9%、意大利占 8.4%。由于各国日语教育情况不尽相同，以下仅就上述 4 国日语教育情况分别进行介绍分析。

（一）法国

1858 年，法国与日本签订《修好通商条约》。法国最初的日语教育，是于条约签订 5 年后——1863 年，在巴黎帝国图书馆附属帝国东洋语专业学校开展的免费公开讲座。1920 年，索邦神学院（巴黎大学文学部）开办日本文明讲座，成为巴黎日本学的起源。

二战后，索邦神学院高等研究院举办了"日本近代史"与"日本的历史·文献学"两个研讨会。1968 年，法国国会通过"大学基本法"，进行大学改革，将索邦神学院的日本学科系和中国学科系、朝鲜学科系、越南学科系、泰国学科系一起组建成了远东科系，归入了巴黎五区的巴黎第七大学内。东洋语学校拆除后重新组成了现代东洋语大学中心，最初和朝鲜学科系一起归属于巴黎第三大学，1971 年后改为国立东洋语东洋文化学院，近几年开始从巴黎第三大学中独立。经过一系列大学改革，日语教育在大学教育中获得独立地位。1979 年开始进行国立公开讲座。1984 年，日语日本文化成为高等教员资格考试的科目之一。

除了巴黎，马赛、斯特拉斯堡、里尔、波尔多等地的大学也开始了日语、日本学的讲座。巴黎的拉辛高中、巴黎郊外的赛尔夫高中也将日语作为第三外语，开展了日语讲座。以巴黎为首，很多高等商业学校和工科大学也召开了日语、日本国情的讲座。学习日语的学生人数在持续增长，现在全国 205 所教育机构内有近 2 万名学生在学习日语。除了公立机构外，民间以 1973 年创办的天理日本学校为首，也有很多私立的日语学校。

2012 年，法国的日语学习者人数约为 2 万人，位居欧洲第 1 位，世界第 16 位，比 2009 年增加 20.7%。其中高等教育占总数一半，中等教育占 1/4。2015 年，法国的日语学习者人数比 2012 年又增加 8.1%，位居欧洲第 1 位，世界第 15 位。在法国，只要是中等规模以上的城市，无论是大学或地方团体等都可以通过一般讲座学习到日语，还可以通过远程通信在线学习。在中等教育阶段，高中毕业考试可以选择日语作为第一、二、三外语。在初等教育阶段，基本没有正规的语言教育机构，但可以通过日本文化介绍、日语学习体验接受异文化理解教育。

（二）英国

19 世纪至 20 世纪初，英国人开展了大量以外交为目的的日本研究，并取得了丰硕的业绩。但是在英国本土却几乎没有开展日语教育。直到 1903 年，日英同盟签订的第二年，英国才创立了第一所私立日语学校，至 1907 年共有 76 名学生在此学习，其中一半以上是从军队派遣来的，而且没有一个人学习了汉字。在这样的状态下，英国政府于 1907 年创建了委员会，决定翌年在伦敦大学创办东洋学部[①]。东洋学部的日语教育第一年度仅有 7 名学生，最多时达到 27 名，学习者非常有限。1941 年，受战争影响，外务省和国防部决定强化日语教育，在军人中开展日语特训。日语特训持续至第二次世界大战结束的 1947 年，共有 648 名学生毕业。[②] 二战后，这些毕业生成为英国日本研究、日语教育的重要力量。

1946 年，东洋学部的责任人伊布·爱德华兹教授，历时 8 个月，访问了包括中国、日本等 6 个国家，进行了语言学教育现状的调查。1947 年，剑桥大学开始聘任日语讲师。1954 年，牛津大学也启动了日语课程。1963 年，设菲尔德大学成立了近代日本、特别是社会科学研究中心。1964 年，牛津大学增加了对日本语言、文学、历史、文化等研究项目。此外，20 世纪 70 年代末至 80 年代初，苏格兰的斯塔林大学、纽卡斯尔大学、埃塞克斯大学、威尔士大学的加的夫校区也创办了日语、日本研究讲座。

1986 年，英国政府根据帕克报告[③] 提出由于日本在世界贸易作用的

---

① 由于第一次世界大战的爆发，向后推迟了东洋学部的成立，实际上第一届学生入学是在 1917 年。1938 年，东洋学部中又加入了非洲部，成为一所不只教授日语，还包括亚洲、非洲共 15 种语言的世界级研究机构。

② [日] 木村宗男编：《讲座日本语和日本语教育（15）》，明治书院，1991 年，第 297 页。

③ 帕克报告全称：面向未来——关于英国外交、通商上请求对亚洲、非洲语言以及地区研究之考察。

增加以及英国国内市场的自由化，为了英国经济的发展，有必要推进日语教育。1988 年，为了强化英日两国的通商关系，英国商务部打着"机遇日本"的宣传，开始实施日本研究以及日语教育振兴政策。1989 年，威尔士大学开设了面向本科生的、包含赴日留学一年的"日语商务课程"。

1990 年以后，英国教育部开始加大外语教育。1995 年，在中等教育中导入语言学院制度，即向认定的公立中等教育机构提供补助金，用于购买最新的语言教育设置、雇用语言教师等，其中条件之一就是至少要引入非欧洲语系的一种语言，这为日语教育的导入提供了契机。2002 年，英国教育部强调要加强初等教育的外语教育。2008 年，英国取消了初中教育至少学习一门欧盟公用语的要求，可以自由选择外语。在这一系列教育政策下，英国的日语学习者人数从 1990 年开始大幅增加，2009 年达到历史最高峰近两万人。

2012 年，英国的日语学习者人数约为 1.5 万人，位居欧洲第 2 位，世界第 17 位，比 2009 年减少 23.3%。除了初等教育增加 7.3% 以外，其他阶段教育均有所减少。2015 年，英国的日语学习者超过 2 万人，比 2012 年增加 33.1%，位居欧洲第 2 位，世界第 16 位。

（三）德国

1887 年，东京帝国大学的外国籍教师德尔夫·朗格（1850—1933）回国后在柏林创建了独立的高等教育机构——东洋语言研究所（Seminar-für Orientalische Sprachen，简称为 SOS），德尔夫·朗格在该研究所担任日语科系的第一任主任教授。之后聘请了井上哲次郎，负责德国·日本教育，在语言学教育方面取得了很多有实际应用价值的成果。德尔夫·朗格编写了《日语会话教本》（1890 年）、《日本字的演习以及读本》（1904 年）等书，为日语研究打下了基础。由德尔夫·朗格和井上两人指导的第一届学生中的其中一人，就是之后被称为德国日本学之父的卡罗·弗罗伦兹（1865—1939）。卡罗·弗罗伦兹于 1914 年在汉堡的殖民研究所首次引进了日本研究，之后也引进至汉堡大学，成了德国大学里首位日本学教授。他的研究涉及广泛，包括神话学、历史、宗教、文学等方面。此外，1931 年，莱比锡大学也开始了日本学讲座。

二战后，上述研究机构全部取消。但随着国家复兴，日语研究也逐渐再次得以展开。柏林大学、洪堡大学、汉堡大学、慕尼黑大学等相继开始了日本学讲座。1964 年，波鸿的鲁尔大学成立了东亚研究部日本研究中心，该中心除了日语、日本文学、日本历史、思想史等学科外，还进行以日本为中心的东亚政治、经济等多方面研究。此外，蒂宾根（1965 年）、法兰布鲁克（1968 年）、科隆（1979 年）、埃朗根（1982 年）、哥廷根（1983 年）等地，都有很多大学开办了日本学讲座。此外，在波恩、明斯特、马尔堡、法兰克福等地相继开创了日本研究机构，曾经被取消掉的 SOS 成为原联邦德国的波恩大学附属研究院，得以重新启动。1987 年，原民主德国的洪堡大学和原联邦德国的波恩大学，同时举行了SOS 成立 100 周年纪念庆典活动。

20 世纪 80 年代，由于大学设置日本相关学科和语言课程的开设以及学校教育以外市民大学日语课程的增加，再加上中等教育开始实施日语教育，日语教育迅速扩大。1999 年，日语被认定为大学入学考试科目。同时，日语也成为中等教育中英语、欧洲其他语言之外的第三外语。在此背景下，德国的日语学习者从 80 年代开始到 90 年代末期出现了大幅增加，到 2000 年以后，基本处于平稳增长状态。

2012 年，德国的日语学习者人数约为 1.4 万人，位居欧洲第 3 位，世界第 18 位，比 2009 年增加 16.2%。除了中等教育中日语学习者数量有所减少外，其他阶段教育均有所增加。这主要是由于初、中等教育年限由 13 年变为 12 年，而学习内容不变，因此部分学生出于负担过重，而放弃了选修日语。2015 年，德国的日语学习者人数继续缩减 7.9%，降至 13.3 万人。

（四）意大利

1863 年，意大利王国统一两年后，在佛罗伦萨首次开展了日语讲座，并孕育了最初的日本研究专家。1866 年，意大利与日本缔结了通商条约。由于实用所需，威尼斯的皇家高等商业学校于 1873 年开始了日语的辅助科目讲座。1886 年，意大利出版了第一本日语语法书。1903 年，皇家东洋学校开始了日语讲座，该校即现在的日本研究中心之一——那不勒斯东洋大学。20 世纪初期，日语教育的中心移至那不勒斯。北意大利米兰的欧埃普利出版社先后出版了马尼亚斯克的《口语日语——语法和词汇》（1905 年）、西门子的《意日小词典——现代会话的入门书》（1910 年）等著作。1920 年至 1925 年期间，聘请了日本的下位春吉来到那不勒斯，传播日本文化。1932 年，罗马创办了中亚远东研究所，发行了以《亚洲》杂志为首的刊物。在日德意三国的"防共协定"（1937 年）、三国军事同盟（1940 年）等影响下，意大利相继出版了大量与日本相关的著作。

二战后，意大利通过在各地召开语言学与文化等公开讲座，继续开展日语教育。罗马（1949 年）、米兰（1951 年）、威尼斯（1956 年）、特里诺（1958 年）、安克鲁（1961 年）、墨西拿（1962 年）等地分别成立了新的日本研究中心。1962 年，罗马建立了日本文化会馆，并开展免费的日语讲座。1965 年，威尼斯大学开设了东洋语以及文学讲座。1972 年，佛罗伦萨大学开设了日本研究讲座。这一时期，还出版了大量与日语教育相关的书籍。如马里奥·斯卡利泽的《汉字词典》（1962 年）、《日语实习》（1966 年）、《书面语的日语语法》（1967 年），日本籍学者坂本铁男的《古典语讲读入门》（1981 年），西川一郎的《日英意经济用语词典》（1980 年），竹下利明的《日语入门讲座》，罗马日本文化会馆的《日意基本语词典》（西川一郎、白泽定雄编著），等等。

2012 年，意大利的日语学习者人数约为 7420 人，位居欧洲第 4 位，世界第 22 位，比 2009 年增加 50.7%。其中高等教育的学习者占全体的约 80%。日语在意大利已经成为继法语、英语、德语、俄语之后的第五大外语。

2015 年，受高等教育机构中履修日语人数下降的影响，尽管意大利的教育机构数和教师数增加了 20%，但是学习日语的人数还是减少了5.2%，降至世界第 25 位。

表 5.3 西欧各国日语学习者人数、机构数、教师数

国家	2012 年			2015 年			
	学习者（人）	机构数	教师（人）	学习者（人）	机构数	教师（人）	每 10 万人口中学习者（人）
法国	19319	205	701	20875	364	704	32
英国	15097	308	585	20093	364	704	31
德国	14393	193	547	13256	181	457	16
意大利	7420	42	154	7031	51	193	12
西班牙	4938	59	145	5122	80	192	11
爱尔兰	2827	48	75	3070	40	68	65
瑞典	2226	32	79	2457	43	86	25
瑞士	2037	60	158	3709	43	151	45
芬兰	1739	27	37	1601	20	29	29
奥地利	1687	21	42	1322	12	30	15
比利时	1235	15	41	1191	12	37	11
荷兰	1008	8	42	1502	15	41	9
挪威	557	10	18	505	10	16	10
葡萄牙	436	12	16	573	10	15	6
丹麦	410	4	16	354	4	13	6
希腊	395	12	25	479	11	19	4
卢森堡	209	6	6	135	3	3	24
冰岛	180	5	9	273	4	7	83
摩纳哥	10	1	1	5	1	1	13
马耳他	9	1	1	6	1	1	1
合计	76132	1069	2698	83559	1127	2786	20

资料来源：根据［日］国际交流基金：《海外日语教育现状——2015 年度日语教育机构调查》，国际交流基金，2017 年，第 36 页自行绘制。

表 5.4 2015 年西欧各国各教育阶段的日语学习者人数

国家	2015年 教育阶段的学习者构成（人）			
	初等	中等	高等	学校教育以外
法国	70	4924	10719	5162
英国	4814	5957	6423	2899
德国	152	1896	6690	4518
意大利	0	276	5424	1331
西班牙	0	0	963	4159
爱尔兰	21	143	851	586
瑞典	65	891	1054	447
瑞士	297	194	845	2373
芬兰	86	2422	426	136
奥地利	0	52	1067	203
比利时	0	0	476	715
荷兰	0	7	1156	339
挪威	0	158	296	51
葡萄牙	0	0	216	357
丹麦	0	40	314	0
希腊	0	0	139	340
卢森堡	0	75	0	60
冰岛	0	37	123	113
摩纳哥	0	0	0	5
马耳他	0	0	0	6
合计	5505	17072	37182	23800

资料来源：根据［日］国际交流基金：《海外日语教育现状——2015 年度日语教育机构调查》，国际交流基金，2017 年，第 36 页自行绘制。

二、日本在西欧推广日语的主要措施

第一，日本企业、国际交流基金给予援助。日本企业最初在英国给予了援助，丰田、三得利等日本企业通过捐赠，先后创办了牛津的日产日本问题研究所（1979 年）、由经济团体联合会创办的剑桥现代日本研究讲座（1984 年）等。1973 年以后，国际交流基金通过派遣专家、接收研修生、提供补助金等进行了有力支援。

第二，日本政府的大力协助。英国、德国、法国三国均接受过田中内阁于 1974 年颁发的首笔促进日本研究的特别基金。1990 年，日本制定了派遣公立中学教师赴海外中等教育机构开展日语教育的计划，即《外国教育设施日语指导教员派遣事业》（REX 计划），由文部省、总务省以及地方公共共同团体实施，根据该计划，每年向英国派遣三名左右教师。

第三，通过文化宣传提高日语学习的吸引力。在法日两国政府的提议下，1997 年日本国际交流基金巴黎日本文化会馆在巴黎落成并开放。会馆具备各种大小的展厅、图书馆、茶室、日语教室等。多年来，一直通过举办插花、书法、日本料理、漫画、围棋、电影、演讲等各种形式向法国宣传日本文化，为日语教育提供重要信息。

三、日语教育在西欧的特点和效果

西欧各国的日语教育主要有以下特点：

第一，高等教育、学校教育以外日语学习者占大多数。其中法国、德国、意大利、瑞典、奥地利、荷兰、挪威、丹麦、冰岛的高等教育中日语学习者最多。西班牙、瑞士、芬兰、比利时、葡萄牙、希腊、卢森堡、摩纳哥、马耳他的学校教育以外的日语学习者最多。仅有英国和爱尔兰是中等教育中日语学习者最多。

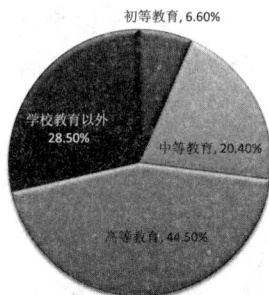

初等教育, 6.60%
学校教育以外 28.50%
中等教育, 20.40%
高等教育, 44.50%

图 5.7 西欧不同教育阶段学习者比例

资料来源：[日]国际交流基金：《海外日语教育现状——2015 年度日语教育机构调查》，国际交流基金，2017 年，第 37 页。

第二，学习日语的人有各种各样，学习日语的动机也不尽相同。总体而言，西欧各国的历史传统比较重视对日本历史、人文科学的研究，日语学习者最集中的理由也是出于对日语本身的兴趣以及文化的喜爱等。随着日本经济的发展，西欧国家不只关注过去的日本，也开始关注现在的日本。日语教育与大学研究紧密相连，日本研究机构和日语学习者的数量稳定增长。

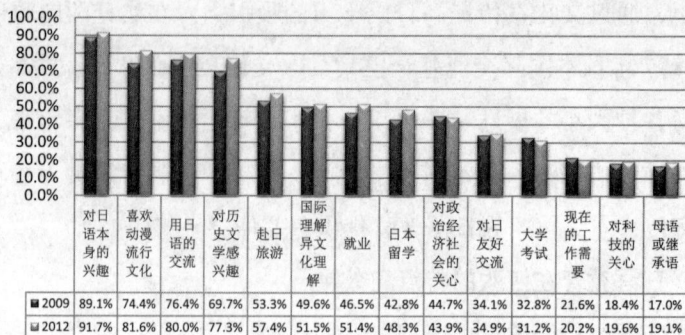

图 5.8 西欧人学习日语的目的调查（2012 年）

资料来源：根据［日］国际交流基金：《海外日语教育现状——2012 年度日语教育机构调查》，黑潮出版，2013 年，第 91 页数据自行绘制。

第三，日语教育正在走向大众化，但日语教育所面临的各种问题也在不断增多。对西欧人而言，日语是与欧洲其他语言完全不同的语言，学习上困难重重。与其他语言相比，日语教材的编写起步较晚。作为有效解决问题的手段，赴日研修也过于遥远，而且还存在日元不断升值，书籍价格昂贵等诸多问题。

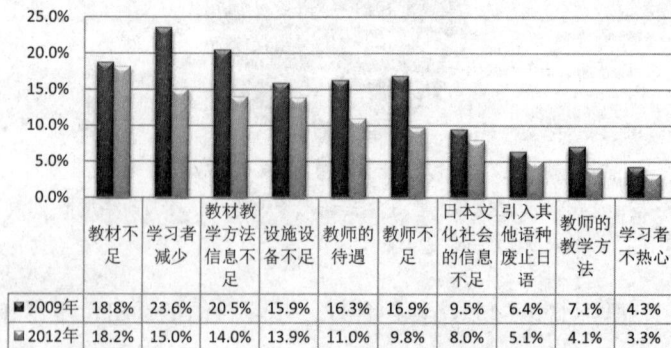

图 5.9 西欧日语教育存在问题的调查（2012 年）

资料来源：根据［日］国际交流基金：《海外日语教育现状——2012 年度日语教育机构调查》，黑潮出版，2013 年，第 91 页数据自行绘制。

结　论

　　经济发展、国际地位的提升与文化的传播是相辅相成、互相促进的关系。语言本身不仅是文化的一种重要形式和载体，也是文化传播的重要工具，伴随着文化传播需求的扩大，扮演着日益重要的角色。二战后，日本经济的恢复与发展，使其国际地位不断提升，也为其文化的传播提供了有利条件。与此同时，越南战争结束后中南半岛难民的涌入、日中恢复邦交后战争遗孤的归国，以及因发展经济需要而招入大量外国劳动力等，日语教育的需求日益扩大。

　　二战后的日语教育，经过了20世纪五六十年代的恢复期，进入70年代后，迎来了形成体制与充实内容的扩充期。1972年，国际交流基金设立后，开始向世界各国的日语教育部门开展资金援助、派遣教师、培养教师、开发教材等。进入80年代后，文部省提出"10万留学生接收计划"，去日本学习日语的外国人急剧增加。为了推广日语，日本政府、教育机构等采取了一系列的措施，有效促进了日语教育的国际化进程，扩大了日本文化的影响力。日本推广日语教育的经验，也为我国推广汉语教育提供了有益借鉴。

一、二战后日本推广日语教育国际化的路径和手段

　　在日语教育国际化的推广过程中，日本通过接收世界各国的留学生、聘请国际知名学者来国内开展科学研究和广泛的教育国际交流、合作及国际援助等形式，积极向世界各国输出自己的语言和文化，基本收到了预期效果。二战后日本推行日语教育国际化的基本路径和手段主要体现在以下四方面。

（一）官民并举的模式

日本推广日语教育国际化既有自上而下的政府主导和支持，也有各种学校教育机构、民间组织的积极参与，还有政府授权指导下独立行政法人的具体实施，并且不同类型的日语国际推广机构之间还存在密切的合作。如社团法人国际日语普及协会是接受文部科学省的委托来举办教师进修等活动的；社团法人日语教育学会出版《日本语教育相关机关一览》、承担日语能力考试方面的研究调查是受独立行政法人国际交流基金的委托的。此外，在以外国人留学生教育为重点的教育国际化实践中，日本的公私二元教育结构也发挥了积极有效的作用，推动着留学生市场规模的扩大，促进了日本文化的输出。官方、民间以及各种组织通力合作，互相支持，形成巨大的合力，这是日本日语教育国际化取得成功的重要原因。

（二）多元推广模式

日本的日语推广机构数量庞大、推广方式也多种多样，概括来说，主要包括：①通过战争赔偿、政府开发援助等政治手段以及经济合作、技术交流等经济手段开展战后日语教育国际推广。②以驻外领事馆、国际交流基金当地文化中心等为据点，通过向海外派遣日语教师，提供日语教材、教学设备、资金，支援海外日语教育机构，资助当地日语教师、学生赴日研修，举办日语能力考试等各种形式努力振兴海外的日语教育事业。③通过规范学校资质、提供奖学金、支援学生生活、提供信息咨询等方面保障外国留学生的学习生活。以政府为先导，采取各种手段，利用各种形式，全力推广日语教育，这是日本日语教育国际化取得成功的必要条件。

（三）因地制宜模式

由于汉字圈国家与欧系语言国家在学习日语上存在巨大差异，以国际交流基金为首的各机构通过有针对性地开发教材、派遣专家、开展合作等各种措施分别制定推广战略，加强日语的海外推广。同时，还根据海外国家实际情况,通过设立文化会馆、日本文化中心、文化交流中心等,在当地开展日语教育。以北京日本学研究中心为例,中心创办之初,根据中国大学日语师资短缺、学历水平偏低的情况,首先培养了一批具有较高的日语知识和专业能力的大学骨干教师。同时,保留"大平班"的教师研修目标,继续招收少量的在职教师进行为期一年的进修学习。后来,中心又根据中国日本学研究人才短缺、研究能力薄弱的情况,增加了培养高水平的日本学研究者的目标,并建立了接受客座教授和客座研究员、推荐赴日博士生的制度加以支撑,培养了一批具有学术视野和研究能力的研究者和专业人才。进入 21 世纪以来,随着中国大学日语教师的学历递增和日本学研究的深入发展,高层次、高水平的日本学研究者和大学日语教师的需求日趋明显;而另一方面,随着中国走向世界和中日经济关系的发展,又提出了国际化复合型应用型人才的需求。为此,中心将教育目标层级化,确立了博士、硕士、研究生进修,教师访学等多种培训计划。[①] 此外,为了有针对性地开展海外日语教育,日本非常重视调研,凡是制定制度、做出重要指示之前都会组织各类调查研究会进行调研、收集整理分析信息。各类机构、学会也都有专用经费用于调研。国际交流基金为准确了解全球日语教育状况,每隔几年就要对开设日语课程的海外机构进行调查,并编写海外日语教育机构名录。总之,因地制宜,因材施教,根据各国的不同情况,给予不同形式的支持,这是日本日语教育国际化的一条成功经验。

(四)以上述三种日语教育国际化推广模式为依托,从日语教育本身的规律出发,在日语教育国际化的实践中,师资、教材、教学法便成了实现目标的关键所在,在这些方面,日本的做法也值得重视和借鉴

在师资方面,日本非常重视加强日语教师的水平,通过建立教师培

---

① 徐一平、曹大峰主编:《中日教育合作实践与成效研究——以"大平班"和北京日本学研究中心为例》,学苑出版社,2013 年,第 195—196 页。

养制度、检定制度、规范教师培养内容、召开各种研修会、参加各种教育机构的课程与培训，保证和提高日语教师的师资质量。国际交流基金附属机构日语国际中心和关西国际中心每年都组织各种日语研修活动，培养了大量的本国和其他国家的日语教师、日本研究专家。据统计，2012 年，日本国内日语教师人数为 3.44 万人，[①] 海外日语教师人数为 6.4 万人。[②] 在中国，"大平班"、北京日本学研究中心自创建以来培养了千余名高层次、高质量的日语教育和日本学研究的专业人才。据 2010 年校友调查统计，有 870 名毕业生就职于教育和科研部门，其中正高职称 235 名，副高职称 269 名，其中一批人已经成为我国日语教育、日本学研究的知名专家和学者[③]。

在教学内容方面，日语教育机构与国际学友会、文部省、海外技术者研修协会、国际交流基金等，以及讲谈社、大修书店、学研社、凡人社等均出版了大量的教科书，并为教师提供了丰富的教学素材和实例。同时，这些教材在教学内容上不断充实与改善，不仅教授单一日语知识，还将日本社会风情等文化知识融入其中，使学习者在学习语言的同时，增加对日本文化的了解。语言与文化不可分割，有一些学习者是因为喜爱日本文化而学习日语，而大多数日语学习者在学习日语的过程中喜爱上了日本文化。这一方面是由于日本文化的吸引力，更多的则是日本在推广日语过程中，十分注意在细节上体现日本的文化，注重文化内涵的宣传。例如，海外教师到日本的培训课程中，会有专门的活动介绍日本的茶道、花道、园艺，尝试穿和服，体验日本的传统民居等。派遣到海外的教师和志愿者也都会携带一些具有日本特色的教具和礼物赴任，如

① 《平成 24 年度国内日语教育概况》，日本文化厅主页，http://www.bunka.go.jp/kokugo_nihongo/jittaichousa/h24/pdf/h24_zenbun.pdf。
② 日本国际交流基金主页，http://www.jpf.go.jp/j/japanese/survey/result/survey12.html。
③ 徐一平、曹大峰主编：《中日教育合作实践与成效研究——以"大平班"和北京日本学研究中心为例》，学苑出版社，2013 年，第 210 页。

富士山的照片、和纸制作的偶人和手工折成的纸鹤。这些实物展示和实际体验活动能够激发学习者的兴趣，使他们了解日本民族文化的特色，为语言教学提供良好的平台。[①]

在教学方法方面，通过不断引进欧美最新外语教学理论，探索新的日语教授方法，大胆采用声音·语言·入门教授法、综合自然反应教授法、交际教学法、无声教学法、社团语言学习教学法、暗示教学法、自然教学法等，力求不拘泥于一种教学法理论，努力根据学习者的实际情况使用最合适的教授法和技巧。

二、日语教育国际化的效果

（一）日语教育国际化不仅传播了语言本身、传播了日本文化，对促进国际交流、树立国家形象等发挥了重要作用

第一，日语教育的推广促进了全世界日语学习者和留学生规模的扩大，在知识领域为国际社会做出了贡献。根据日本国际交流基金的最新统计数据，1974 年海外共有 898 个日语教育机构，2254 名日语教师，日语学习者人数为 7.8 万人。[②] 而 2012 年海外共有 1.6 万个日语教育机构，6.4 万名日语教师，日语学习者达到近 400 万人。[③] 在不到 40 年的时间里，全世界日语学习者人数扩大了 50 余倍。1999 年，留学生政策恳谈会召开，留学生政策被赋予 "知识领域国际贡献" 的位置，即通过人才培养对世界的安定和发展做出贡献，同时强调其对 "诸外国间相互理解的增进和友好关系的深化" "国际社会知识影响力的强化" 和 "经济社会构造的国际化" 至关重要。[④] 2003 年，中央教育审议会提出 "关于新留学生政策的展开" 报告。留学生交流的意义被重新总结为：①促进各国的相互理解以及形成

---

① 杨薇：《浅谈日本的海外日语教育对我国民族教育的借鉴》，《民族教育研究》，2007 年第 5 期。

② 日本国际交流基金主页，http://www.jpf.go.jp/j/japanese/survey/result/dl/1975gaiyou.pdf。

③ 日本国际交流基金主页，http://www.jpf.go.jp/j/japanese/survey/result/survey12.html。

④ ［日］佐藤由利子：《日本留学生政策评价——从人才培养、友好促进经济效果的视角》，东信堂出版，2010 年，第 24—25 页。

人际网络；②培养具有国际视野的学生，实现开放并富有活力的社会；③实现大学的国际化，强化大学的国际竞争能力；④促进在知识领域为国际社会做出贡献。① 应该说，随着日语教育的国际化进程，日本在推广日语教育的同时，也为国际社会的教育和知识的传播做出了贡献。

第二，日语教育国际化促进了日本经济的发展与文化的交流。留学生收费政策的实施使日语教育国际化逐渐成为国际教育贸易的重要组成部分。接收留学生成为大学的重要财政来源之一。日本政府提出的"10万留学生接收计划"实际上也是为了推动大学开放性、国际化改革，缓解大学财政困难。庞大的留学生计划带动了日本国内市场，使教育成为日本新兴的经济增长领域。就学习动机而言，20世纪80年代至90年代初绝大部分是由于商业、就业等经济上的考虑，而今则逐渐转为对动漫、游戏的喜爱等。② 近年来，由于海外民众对日本的动漫等流行文化、服装设计等时尚文化的关注，日语学习者不断增多，这不仅带动了日本文化产业的发展，也促进了日本的国际文化交流。

第三，通过日语教育的国际化推广，培养了大批知日派，增加世界各国对日本的了解和好感。原日本驻华使馆新闻文化中心主任井出敬二坦言："学习日语、访问过日本、同日本有交往的中国人与没有这些经历的中国人相比，对日本更有亲近感。"③ 这正是日本大力推广日语国际化的重要原因之一。在海外，有日本留学经验的人、日本交流与教学项目交流活动的参与者、日本企业的相关人员、日本研究人员、日语教师、日语学习者等群体构成与日本相联系的一个文化圈子，对日本而言，把

---

① ［日］日本文部省高等教育局学生支援科：《日本留学生制度概况——接收与派遣2010年度》，http://www.mext.go.jp/component/a_menu/education/detail/__icsFiles/afieldfile/2011/12/14/1286521_6.pdf.

② ［日］金子将史主编：《公共外交"舆论时代"的外交战略》，外语教学与研究出版社，2010年，第202页。

③ ［日］金子将史主编：《公共外交"舆论时代"的外交战略》，外语教学与研究出版社，2010年，第155页。

握这些知日派是影响日本同这些海外国家关系的关键。例如，在北京日本学研究中心建立和发展的这 28 年之间，派遣到日研中心从事教学活动的日方专家、教授达到了 600 名，日研中心培养的中国毕业生人数达到了 1100 名左右。而日研中心的学生在访日研修期间还会接触到许多日本国内各大学的教授和许许多多普通的日本人，同时中心的毕业生也会通过各种机会向更多的中国民众传递日本的信息，这种交流形成一个巨大的人际网络，为增进中日两国相互理解方面所发挥的作用及影响力，是不可估量的。① 2007 年 4 月，安倍晋三首相访美时，特意与当地的日本交流与教学项目的参加者举行了座谈会。近年来，在日本政府的方针和外交政策上，不仅将日语普及作为了解日本的切入点与国际交流的一环，还强调要通过加强日语教育，来培养对日本在国际社会，特别是亚洲地区关系上具备影响力的国际人才。

第四，日语教育已经成为日本对外宣传、树立国家形象的重要手段之一。国家形象是影响国家间行为的"软实力"之一，提升国家软实力对缺乏军事硬实力的日本而言尤为重要。日本驻外使领馆遍布于世界 189 个国家，其文化传播的主要任务就是通过举办和协办各种讲座、学习班、研讨会推动日语教育，开展各种文化交流项目和事业，以展示日本的国家魅力。2007 年，日本政府提出文化产业战略构想，并提出六项具体政策措施，其中一项就是"推进国际文化交流、充实日语教育"。文化产业可以对外提升日本的国家软实力，扩大日本的影响，打造国家形象，"不仅有助于经济利益和日本品牌价值的增加，还可以加强日本与其他国家民众之间的相互了解"②。

---

① 日本国际交流基金会理事长安藤裕康在为徐一平、曹大峰主编的《中日教育合作实践与成效研究——以"大平班"和北京日本学研究中心为例》（学苑出版社，2013 年）的序中提到，载于该书第 6 页。
② 日本亚洲前景战略会议《日本文化产业战略》（2007 年 5 月 16 日），日本首相官邸主页，www.kantei.go.jp/jp/singi/asia/betten_2.pdf。kokugo_nihongo_jittaichousa/h24/pdf/h24_zenbun.pdf。

（二）日语教育国际化在快速发展的同时，也面临一定困境

第一，日语的推广还比较局限在亚洲的汉字文化圈国家，在欧美，日语本身的复杂性一定程度上制约了其推广的效果。对欧美的学生而言，日语是一种陌生的语言，发音书写均存在较大难度，仅凭对日本动漫时尚的一时兴趣很难坚持长久的学习。

第二，日语教育规模迅速扩张的同时，也出现了日语教师资质低、日语学校林立、经营混乱，以及由于日元升值导致的外国留学生生活贫困、一些务工人员持语言学校签证入境隐形就业等问题。1994 年，"就学生"①的非法滞留一度达到 2.4 万人，此后渐渐减少。2010 年，仍有"就学生"2232人、留学生 3610 人非法滞留，为日本社会带了负面影响。② 有些国家和地区还存在设备不够、教材不足、教学法需要改进等诸多问题。特别是教材方面，书籍昂贵、缺乏介绍日本文化、日本概况的视听教材等问题尤为突出。

第三，与美国、英国、德国等其他国家的类似机构相比，日本国际交流基金会的资金预算规模还相对较少。不仅如此，其日语教育预算还在逐年减少，日语教育的国际环境日趋严峻。有些国家因条件的限制较少召开日语教学的交流会、研究会等，这也一定程度上限制了日语的国际推广。

第四，日本在历史认识、领土争端、核扩散等问题的处理上，不仅伤害了中国、韩国等亚洲国家人民的感情，还损害了日本的对外经济，由此也必将导致日语学习人数的缩减。日本必须正确认识历史、妥善处理国际关系，加强国际文化交流，才能大力发展日语教育国际化事业。

三、日语教育国际化对我国推广汉语教育的启示

对日语教育国际化的历史与现实进行考察，为推进我国汉语教育国

---

① "就学生"多数是指就读于日语教育机构的学生。大学、短期大学、专门学校的在校学生是留学生。2010 年，日本取消"就学生"，在留资格统一为"留学"。

② ［日］财团法人日本语教育振兴协会 20 周年纪念志编集委员会：《日本语教育振兴协会 20年的历程》，财团法人日本语教育振兴协会，2010 年，第 149 页。

际化的进程提供可资借鉴的经验与教训，这是本书写作的重要目的之一。通过研究与考察，我们可以得到如下重要启示：

第一，鼓励民间参与，加大政府投入。目前我国对外汉语教育的主要海外推广、教育机构是孔子学院。孔子学院采取非政府组织的运营方式，隶属于中国教育部的国家对外汉语教学领导小组办公室（简称"国家汉办"）。我国政府在汉语国际推广中发挥了主导作用，这虽然为语言文化输出提供了坚实的保障，但也容易引起国际误解，认为是一种新的文化扩张。因此，可以借鉴日本官民并举的推广模式，让更多的民间力量加入其中，加大支持民间办学机构、社会团体等参与对外汉语教学的力度，政府则退居幕后给予政策指导和资金支持。这样也有利于互相竞争，促进发展。同时，由于孔子学院不以营利为目的，且没有稳定的经济来源，导致一些孔子学院难以维持正常运行，有的甚至连基本的办学条件如场所、人员也达不到要求。这些问题无疑制约了孔子学院的后续发展，政府必须考虑加大投入。

第二，探索多元化的推广方式。目前，孔子学院主要采用中国大学与各国高校或文化教育机构进行合作办学的形式。相对于日本多元化的推广方式，较为单一。孔子学院可以在学院总部的领导下，采取灵活多样的办学方式：既可以建设不同层次的孔子学院、孔子学校，也可以设立孔子课堂、汉语中心；既可以有授权特许经营、直接经营方式，也可以有主要由外方负责，实行理事会制度和院长负责制，中外双方共同管理的模式。同时，孔子学院可以采取多种合作模式，把视野扩大到各种渠道，包括当地的国民教育体系、高等院校、中小学、企业、政府、社团等。多样化的汉语推广模式，可以调动国内外各种力量，形成遍地开花、普遍结果的效果。

第三，深入调研，因地制宜制定推广对策。日本在日语国际推广方面非常重视调研，甚至以法规的形式明确信息搜集、研究的责任，通过国际交流基金、文化厅与国语教育研究所定期开展调研，积累大量数据资料，且便于查阅。汉语国际推广中存在统计不够系统、数据不甚翔实、发布不及时等问题。在这一点上，我国可以借鉴日本的经验，设立专门的调查机构，开展调查研究，及时掌握海外推广状况，研究、调整推广对策，从而有针对性地开展。

第四，加强教师培养，增加专家派遣。孔子学院的教师主要由国外合作院校汉语教师、中方汉语教师、中方志愿者和中方留学生以及当地聘任的汉语教师组成。不同的学院教师数量也不同，有的只有中方外派的1至2名教师。随着孔子学院汉语教学和文化推介活动的增多，汉语教师缺乏的情况日渐凸现。[①] 同时，在对外汉语教师资格认证方面，由于2005年国家统一的考试暂时停考，社会上涌现出IPA、PAT、ICA、IMCPI等各种国际汉语教师资格证考试，这些证书由各种协会自行颁发，缺乏统一标准与资质的可信度。在这一点上，日本不仅非常重视教师培养，还拥有严格、正规的资格认证体系，在教师海外派遣方面，制度详尽，管理完善。我国可以借鉴其经验，增加开设汉语国际教育专业、举办汉语教师检定考试，以培养和规范教师资质。同时，加强教师培养的国际合作，推动教师培养的本土化，并鼓励民间机构参与培养教师，招募志愿者，增加专家派遣等。

第五，加强教材的开发，注重文化传播。孔子学院没有统一教材，只是根据各地实际情况配备教材。因为没有特定教材，美国有些大学甚至会用中国台湾以前编写的教材或者使用1934年美国陆军使用的军人用教材。因此，为了使汉语和中国文化得到正确理解，有必要确定统一的原则和价值标准，加强教材的开发。日本在日语推广过程中，面临非汉字圈国家对汉字学习的困难，对我国而言亦是如此，要学习日本有针

---

① 徐丽华：《孔子学院的发展现状、问题及趋势》，《浙江师范大学学报》（社会科学版），2008年第5期。

对性地开发教材，因地制宜。同时，日本在推广语言过程中，非常注重文化宣传。孔子学院使用的《长城汉语》（1册）教材中完全没有关于中国文化的介绍，整本教材只有生词与课文两个部分，在实践教学中，汉语教师只能自行加入文化部分的内容。为了提高文化教学的效率，有必要编撰专门的教材，以帮助汉语课堂中的文化教学系统化、条理化。

第六，制定统一战略，规范管理。目前孔子学院除了汉办统一制作的牌匾外，很难体会到更多的统一规范与标识。各地孔子学院没有统一的管理理念、管理方式、统一的文本及音像教材，更不用说是统一的服饰与建筑了。各所学院虽说同样讲授汉语，但都是在根据自己的方式进行管理和教学，学生学习到的内容却不同、感受到的中国文化也不尽相同。[①] 在这一点上，可以借鉴日本对教育机构的审查、认定制度，明确规范孔子学院的申办及设置的相关条件，做好定期资质与评估工作。

语言—文化是一个国家或民族软实力的核心，在软实力建设和输出参与国际竞争的过程中，具有基础性、先导性作用。语言—文化的传承在很大程度上依靠教育体系。[②] 孔子学院是中国历史上第一次主动地、有组织地教育输出，其教学内容的完善不仅对促进中国汉语教育的国际化具有重大意义，也为提高国际文化交流与合作、增强国家软实力提供了一个良好的契机。考察与借鉴邻国日本的推广经验有利于探索更为成熟的孔子学院办学模式，从而为在海外推广中华传统文化上走出一条新路。

---

① 刘立恒：《中外合作创建孔子学院的问题与对策》，《沈阳师范大学学报》（社会科学版），2007年第3期。
② 段奕：《硬实力——软实力理论框架下的语言——文化国际推广与孔子学院》，《复旦教育论坛》，2008年第6卷第2期。

附 录

日本近代以来日语教育国际化年表

时间	事件的内容
1523 年	中国明朝时期的《日本考略 寄语略》中有 15 类 358 个日语单词用汉字音显示并附上中文解释
1549 年	葡萄牙传教士约翰·妃露娜德兹等人开始学习日语
	中国明朝时期的《华夷译语·日语馆译语》作为当时与中国有所交涉的各个国家语言的对译语汇集，共收录 566 个日语
1551 年	《日本文典》（*Arte da Lingoa Japonese*）成为近世初期天主教传教士们所编写的最初的日语语法书
1561 年	中国明朝时期的《日本一鉴 寄语编》中收录了 18 类 3404 个日语单词
1564 年	J. 妃露娜德兹编纂了《日本文法》（*Grammatica da Lingoa Japonese*）
1581 年	范礼安将日本分为三个教区，并设置培养宣教师的教育机构学林、修炼院、神学校，组织化了宣教师的日语教育
1592 年	中国明朝的侯继高编纂了《日本风土记》
	日本耶稣会出版了用罗马字书写的教义书《基督教教义》
1593 年	日本耶稣会出版了《伊会保物语》（*Esopo no Fabulas*）、《金句集》，是由罗马字编写的口语练习的译本
1594 年	《拉丁文典》出版，包含了一部分日语动词的活用等
1595 年	日本耶稣会出版《罗葡日对译词典》
1603 年	日本耶稣会编撰的《日葡词典》（*Vocabvlario da Lingoa de Iapam*）（1603—1604 年）由长崎学林出版
1604 年	罗德里格斯（1561—1633）编撰的《日本大文典》（*Arte da Lingoa de Iapam Compostapello*）（1604—1608 年）出版
1620 年	《日本小文典》（*Arte Breve da Lingoa Iapoa*）在中国澳门出版，供初学者使用
1632 年	西班牙出版罗马教皇厅版《日本文典》（*Ars Grammaticae Iaponicae Linguae*）和罗马版的用拉丁文记录日语文法的《罗西日词典》
1676 年	朝鲜出版《捷解新语》全 10 卷，是朝鲜翻译官的日语学习用书
1703 年	《倭语类解》针对大约 3400 个汉字用朝鲜文字表示了其日语翻译

续表

1705 年	传兵卫成为俄罗斯帝国首位日语学校教师
1736 年	俄国出版：《新斯拉夫人·日语词典》（1736—1738 年），约收录了 12000 个单词，多见萨摩方言；《日语会话入门》，用 619 个例子构成的不同条目的会话集；《俄日语词汇集》，由 40 个条目构成的俄语与日语的对译词汇集
	圣彼得堡科学研究院附属日语学校建校，古扎和苏扎成为日语老师
1738 年	墨西哥版《日本文典》（*Arte de Ia Lengua Japona*）是用西班牙语著写的日语语法书
1782 年	《俄日词典》将日语用俄文和平假名显示
1787 年	德国（普罗士）·俄罗斯帝国出版《钦定世界语言比较词典》，包含与日语相关条目
1791 年	新藏和庄藏成为伊尔库茨克的日语学校教师
1792 年	C.P. 通贝利（1743—1828）在《乌普塞拉大学期刊》上用拉丁语发表了《日语观察》
1804 年	N.P. 雷扎诺夫编纂的《俄语字母表版日语词典》出版
1816 年	伊尔库兹克的日语学校关闭
1823 年	德意志联邦·法国出版《亚洲语言记》（*Asia polyglotta*）
1825 年	《日本小文典》被翻译成法语，作为《日本文典》出版
1826 年	德意志联邦出版《日语要略》（*Epitome Linguae Japonicae*）
1833 年	《语学新书》将日语按照荷兰语的语法分析，分为 9 类
1851 年	德意志联邦出版《日语词典》（*Worterbuth der Japanischen Sprache*）
1856 年	法国出版《日本语考》
1857 年	荷兰出版《日语语法试论》（*Proeve eener Japansche Spraakkunst*）
	《日俄一般语言对译词典》出版
1860 年	《英日日用句集》（*Familiar Phrases in English and Romanized Japanese*）出版
1861 年	英国出版《初学者用日语语法要说》（*Elements of Japanese Grammar for the Use of Beginners*）
	法国出版《日语语法试论》（*Essai de Grammaire Japonaise*）
1862 年	奥地利创办非正式性日语讲座
	《日法词典》（1862—1868 年）出版

续表

1863 年	美国出版《日语会话》（*Colloquial Japanese or Conversational Sentences and Dialogues in English and Japanese*）
	英国出版《日用日语对话集》（*Familiar Dialogues in Japanese with English and French Translation for the Use of Students*）
	意大利皇家佛罗伦萨高等研究所创办日语讲座
1867 年	美国出版《和英语林集成》（*A Japanese and English Dictionary with an English and Japanese Index*），收录 20772 个单词
	荷兰出版《日本文典》（*Japansche Spraakleer*），1868 年完成第 2 分册
1868 年	L. 罗尼在巴黎的国立东洋语学校（当时为帝国图书馆附属东洋语专业学校）创办日语讲座
1869 年	英国出版《日语口语小文典》（*A Short Grammar of the Japanese Spoken Language*）
	A. 费茨迈尔在维也纳大学创办日语讲座
1870 年	在圣彼得堡大学东洋学部开办日语讲座
	报纸"よのうはさ"在法国创刊
1871 年	意大利那不勒斯东洋研究所创办日语讲座
1872 年	英国出版《日本文语文典》（*Grammar of the Japanese Written Language*）
1873 年	意大利皇家高等商业学校开始日语辅助科目讲座，吉田要成为教授
	柏林大学附属东洋语学校开办日语讲座
1876 年	《口语英日词典》（*An English and Japanese Dictionary of the Spoken Language*）出版
	罗马大学开办日语讲座
1881 年	3 名朝鲜留学生来日，接收 2 名
1883 年	由金玉均等人推荐的 64 名朝鲜留学生来日，有 9 名留学生经福泽渝吉的介绍进入庆应义塾、士官学校上学
1886 年	《日英语林集成》（第 3 版）使用黑本式罗马字拼音法
	国际音声学协会（I.P.A）于英国创立
	聘请外教巴兹尔·霍尔·张伯伦（1850—1935）（东京帝国大学博言学科教师）教授了上田万年、芳贺矢一、冈仓由三郎等人
	英国出版《日语近代文语文电》（*A Simplified Grammar of the Japanese Language,Modern Written Style*）、《罗马字日语读本》（*A Romanized Japanese Resder*）
	意大利创办日语入门公开讲座

1888 年	英国出版《日本口语便览》（*A Handbook of Colloquial Japanese*）
1890 年	德国出版《日本口语教本》（*Lehrbuch der Japanischen Umgangssprache*）
1891 年	京城日语学堂（1895 年变更为官立外国语学校）开始日语教育
1892 年	夏威夷首部日系报纸《日本周报》出版
1893 年	松宫弥平（1871—1946）在群马县向美国传教士教授日语
	神田重英向夏威夷岛的夏拉瓦公立学校借校舍创办日语学校
1894 年	《俄日通俗会话篇》出版，其在日常生活会话文中添加了谚语和土语
1895 年	伊泽修二（1851—1917）成为台湾总督府学务部部长（—1897 年），在芝山岩对中国台湾人开始了日语教育
	台湾总督府民政局学务部编纂了《日语教授书》（教师专用指导书），由语学入门、日本语法、字音变化三部分组成
	夏威夷毛伊岛的美以美教会创办日语学校
1896 年	"国语"传习所建校，它是台湾总督府以普及日语为主要目的的初级教育机构
	《新日语言集甲号》《台湾适用"国语"读本入门（上卷）》《台湾适用会话入门（全）》作为台湾殖民地使用的"国语"教育的初期教科书。此外还有《"国语"教授参考书（3 卷）》（教师专用指导书）
	夏威夷的日本人小学建校，使用文部省检定过的教科书
	朝鲜的京城学堂、釜山开成学校建校
	日本接收了来自清朝的 13 名留学生
1897 年	山口喜一郎（1872—1952）到达中国台湾地区，历任"国语"教师、视学等职务
1898 年	台湾总督府施行公学校令，以"国语"教育为名要求日语教育
	中国在杭州召开日文学堂，针对普通学生教授日语
	日本接收中国清朝公费陆军留学生，实行日语教育
	圣彼得堡大学设置日语·文学讲座
	佐藤行信在夏威夷岛北寇娜开始日语指导
1899 年	山口喜一郎在中国台湾地区试行古恩式教学法实验
	俄罗斯帝国出版《关于日语的根源》
1900 年	加利福尼亚大学开始日语教育。1896 年开始设置东洋语学科
1901 年	日本文部省公布直辖学校外国人特别入学规定

续表

1902 年	日本实践女校设置中国女子部
	在美国西雅图建立专为日裔子弟的日语学校，使用与日本小学同样的教科书
1903 年	美国桑港（圣弗朗西斯科）佛教会创建明治小学，樱府（萨克拉门托）佛教会创建樱学园
	伦敦第一所私立日本学校建校
	在意大利王立东洋学校开办日语讲座
	松本龟次郎 (1866—1945) 在宏文学院对中国清朝留学生开始日语教育
	佐野圭三在美国旧金山建立日语学院
1904 年	松本龟次郎著《言文对照·汉译日本文典》直到昭和中期反复出版 40 次。在汉语翻译中与所教的留学生合作编纂了《振武学校语文教程（卷 1—7）》并出版
	中国（"关东州"）的南金书院民立小学开始日语教育
1905 年	日本文部省制定关于中国清朝人入学公私立学校的规定
	松下大三郎被嘉纳治五郎聘请成为宏文学院的教授。之后，在长达约二十年间教授留学生日语
1906 年	韩国统监府开始有益于实用的日语教育
	耶鲁大学开始日本研究
	温哥华公立日本民国学校建校，承担日裔第二代的教育
	照井亮次郎在墨西哥成立奥罗拉小学，作为日裔子弟的教育机构，并将阿保德弥从日本聘请过来
	松本龟次郎等人编纂的《修订日语教科书》出版
	中国公费留学生中申请高中、专业学校以上的入学申请者被限制为中学毕业以上
1907 年	《普通学校学生用日语读本（卷 1—8）》出版。它是近代以来朝鲜的学校教育上使用的第一本日语教科书
1908 年	秘鲁最古老的日本人学校圣巴巴拉日本人小学建校
	俄国出版《俄译汉和字典》，它是以俄罗斯人为对象、直到 1950 年为止日语字典中最完整的一部
	日本实践女校为中国女留学生建立了松柏寮
	200 名越南留学生赴日
	松本龟次郎接受京师法政学堂（北京大学的前身）的聘请，来中国教授日语
	与中国清朝签订协定，指定 5 所高校，约定每年接收 165 名留学生

1909 年	华盛顿大学设置东洋语言学科
	夏威夷大学创办日本研究课程
	柏林、巴黎、纽约、伦敦、圣彼得堡等地出版《日语教科书欧洲版》
1910 年	日本经纬学堂、早稻田大学中国清朝留学生部、法政大学留学生部关闭
	圣彼得堡大学在东洋学讲座上开始日语教育
1911 年	意大利出版《口语日语语法－理论与实践》《难学日语的口语·书面语入门书》
1912 年	朝鲜总督府首次正式编纂、作为朝鲜"国语"的日语教科书《普通学校"国语"读本（卷1—8）》（1912—1915年）出版
	台湾总督府以山口喜一郎为核心编纂了《国民读本参照国语科说话方法教材》。他致力普及古恩教学法
	日本成城学校关闭留学生部
1913 年	日本日语学校（东京外语学校内）建校
	哈佛大学创办日本文明讲座
	加拿大斯蒂文斯顿渔业者慈善团体附属小学建校，承担日裔第二代教育
	伪南满洲铁道设置教员讲习所，1915年改名为教育研究所
	南加利福尼亚建立专为日裔子弟的日语学校，使用与日本小学同样的教科书
1914 年	伪南满洲铁道附属地教育研究会出版《公学堂日语读本（卷1—8）》（1914—1916年）
	中国奉天外语学校使用《日语读本》
1915 年	公布南洋群岛小学规则。塞班岛、雅浦岛、帕劳、特拉古、波纳佩、贾鲁伊特岛等地开始日语教育
	夏威夷教育会作为夏威夷日语学校统一机构成立。委托芳贺矢一编纂教科书
	阿根廷发行第一部日文报纸《布宜诺斯艾利斯周报》
	巴西大正小学建校，它是巴西最古老的日语学校
	秘鲁卡萨布兰卡日本人小学建校，承担日裔第二代教育
1916 年	智利刊行《日语会话入门》（Conversational Japanese for Beginners）
	巴西发行《南美一周》《日巴报纸》
1917 年	阿根廷发行《日亚时报》
	伦敦大学东洋学部 SOS（The School of Oriental Studies）开始了首次日语授课
	澳大利亚人詹姆斯·默多克在悉尼大学为陆军士兵讲授日语课程
	杉田次平第1次编纂《南洋群岛"国语"读本（卷1、2）》

续表

1918 年	日本中国留学生接收机关日华学会设立
1919 年	台湾总督府公布台湾教育令，旨在实行"皇民化"教育、强化日语教育
	波兰华沙大学创办日语讲座，由 B. 里希特（1891—1980）执教
	日本出版松本龟次郎编纂的《汉译日本口语语法教科书》
1920 年	夏威夷州议会发表外国语学校取缔法案，将教授用语限定为英语等
	美国日语学院协会成立
	秘鲁里马日本人小学建校，它是秘鲁国家政府文部省私立小学认可的学校
	日本东亚高等预备学校建校，1921 年开始由日华学会继承经营
1921 年	在夏威夷举办日语学校教员讲习会，历时 5 个月，每周 1 次
1922 年	伪南满洲教育会设置教科书编辑部
	南洋群岛南洋厅设立。将岛民学校改称为南洋厅公学校。在塞班岛、雅浦岛、帕劳、特拉古、波纳佩、贾鲁伊特岛等诸岛展开组织性的殖民地教育
1923 年	美国（夏威夷）火奴鲁鲁教育会发行《日语读本》
	苏联发行《口语日语语法》
	智利发行《初级日语读本》（Japanese Reading for Beginners）
	匈牙利在 Elte 大学开始作为外语教育之一的日语教育（—1941 年）
	台湾总督府编纂《公学校用"国语"读本第一种（卷1—4）》《卷5—8》（1924 年）《卷 9、10》（1925 年）《卷 11、12》（1926 年）
	长沼直兄（1895—1973）就任美国大使馆日语教官，并将帕尔默的教授法引入日语教育中
	芦田惠之助（1873—1951）作为朝鲜总督府编修管来到京城，编纂《朝鲜国语读本》
1924 年	日本外务省对支文化事务局设立特选留学生制度。对支文化事务局在当年改组为亚洲局文化事业部
	美国议会制定排日移民法
	秘鲁蔷凯郡日本人小学建校，1938 年得到秘鲁政府认可
	伪南满洲教育会教科书编辑部出版《初级日语读本（全 8 卷）》（1924—1927 年），它是公学堂初级科以及普通学堂专用教科书
1925 年	墨西哥墨都日本人会成立。日语学校建校，在宫本三郎的支持下设置小学部
	墨西哥出版《西日词典》，收录单词数 30000 个，出版部数 2000 部。日语翻译全部用罗马字注音假名
	芦田惠之助编纂《南洋群岛"国语"读本 本科用（卷 1、2、3）》

1926 年	波兰·日本协会（1922 年设立）创办日语讲座。梅田良忠作为日本人首次教日语
	台北师范附属公学校出版《关于谈话技巧教学的研究》
	朝鲜总督府京城帝国大学创办。在"国语·国文"科（日语·日本文学科）时枝诚记、高木市之助、麻生矶次担任教授
1928 年	夏威夷教育会将《日语读本（卷 1—6）》修订完毕
	芬兰赫尔辛基大学在语言学部创办日语讲座（1928—1929 年左右）
	日本东亚高等预备校编、出版《日语读本》
	美国日语学院编纂委员会出版《日语读本（卷 1—16）》，它是北美加州日语学院的日裔第二代所用教科书
1929 年	夏威夷本派本愿寺学务部三度修订《中级日语读本》，由吉泽义则校阅
1930 年	荷兰乌德勒支大学在哲学部设置日本学科。皮尔松博士（J.L.Pierson）就任为第一任主任教授
	苏联出版《日语口语语法》，由比勒陀内露（Pletner,01.V.）与 E.D. 波利瓦诺夫（1891—1938）共同编著
	朝鲜总督府出版《中等教育"国语"读本（卷 1—10）》（1930—1934 年）、《速修"国语"读本》
1931 年	德国莱比锡大学创办日语讲座，汉斯·尤帕夏鲁（《奥州小道》德语翻译者）为教授
	巴西的日本人小学总数为 122 所，学生人数 5000 名，教师 190 名，其中巴西籍教师 79 名
	伪南满洲教育会教科书编辑部编纂《第二种初级日语读本（全 4 卷）》（1931—1933 年，普通学堂用教科书）。1932 年改名为《初级日语读本（全 4 卷）》
	朝鲜书籍印刷出版社出版《实业补习学校"国语"读本（卷 1、2）》
	长沼直兄在美国大使馆工作时期完成《标准日语读本（卷 1—7）》（1931—1934 年）
1932 年	夏威夷教育会修订完毕《书写范本（卷 1—8）》
	伪南满洲教育会教科书编辑部修订《初级日语读本（全 4 卷）》，不只是中国"关东州"、附属地，伪满洲国和华北都使用该教科书。1940 年，还制作完成了附带解说书（神保格为负责人）的录音带
	朝鲜书籍印刷出版社出版《中等教育女子国文读本（卷 1—8）》（1932—1935 年）
	松本龟次郎编《日语的开始（3 卷）》、综合性的日语入门书《日语会话教科书》
	岩崎俊晴第 3 次编纂《南洋群岛"国语"读本 本科用卷（卷 1—6）》《补习科用（卷 1—4）》（1934 年）
1933 年	比利时鲁邦天主教大学当时在哲学文学部的东洋语言学科教授日语，聘请了日本人教师
	山口喜一郎著《作为外语的我国国语教授法》
	土井光知著《基础日语》
	大出正笃（1886—1949）著的《速成日语读本（上、下）》由南满洲教育会教科书编辑部出版。它是在日语学校和私塾被广泛使用的对译式教科书

	夏威夷本派本愿寺学务部编纂了《有实力的日语学习书》
	阿根廷在亚日语小学建校。经营日语小学维持会
	贾勤特·阿乌利特教授在意大利罗马大学语言文学部开始教授日本文学、美术、文化等相关的课程
	乌拉圭第一所日语教育机构 Escuela Jap 6 n（日本人学校）建校
1934 年	S.G. 埃里瑟耶夫（1889—1975）就任哈佛大学教授。1932 年在哈佛大学设置了东洋语学部
	伪满洲国指定《初级小学用日语教科书（上、下）》（1934—1935 年）、《高级小学用日语教科书（上、下）》（1934—1935 年）作为初·高级教育用教科书
	山口喜一郎著的《日语教授的实际研究》，详细解说了针对中国人的日语教授方法
	《日文与日语》《现代日语研究杂志》以中国人为对象的日语研究杂志首次出现在中国和日本
	苏联基辅铁道专业学校日语教师团著《日俄汉字辞典》
	苏联 N.I. 康拉德（1891—1970）主编《日俄军事辞典》，是以汉字词条为原则所制
	智利桑喀古市第 5 高等女校在桑卡古开始第一次日语讲座，学生数 70 名
	山口喜一郎著的《中等日语说话方式学习书》是为了在关东州公学堂高等科的特别训练而编
1935 年	朝鲜出版《简易学校"国语"读本（卷 1—4）》（1935—1936 年）
	日本设立语言问题联谊会（语言之会）
	松宫弥平编纂 *A Grammar of Spoken Japanese*
	国际学友会设立
	东亚高等预备校改名东亚学校。1940 年根据文部省的命令，认可高等科毕业生与高中毕业生同等学力
1936 年	布哇教育会编纂《日语读本（卷 1—12）》（1936—1939 年），为夏威夷日语学校日裔第二代所编教科书
	额博格尼亚·马克西莫布纳·克鲁帕酷奇（1902—1952）著《日语的构造》。它将日语与其他语言比较，为了弄清其特殊性质，在俄罗斯的日本学上做了首次尝试
	圣保罗日本人学校父兄会改名巴西日本人教育普及会，引进会费制，各部会自治
	松宫弥平著的《日语教授法》由日语文化学校出版。它针对英语国民的日语教授的全部内容进行了讲解
	外务省亚美利加局出版《在北美日语学校调查》，它收集了关于北美合众国、加拿大的日语教育进行的统计资料

1937 年	台湾总督府开始"国语"常用家庭制度
	日本设立日语教授研究所
	日本东亚学院出版《现代口语语法教本》
	美国（夏威夷）布哇教育会出版《布哇日语教育史》
	意大利发行《日语会话文典》（*Japanese Conversation Grammar*）
	意大利中亚极东协会附属东洋语东洋文化学校创办日语日本文化学科
	智利 A. 罗斯伊内斯著 *An Annotated Dictionary of Chinese-Japanese Characters*。这是为了英语国民学习汉字而编的汉英词典
	巴西日本人教育普及会编纂《日语读本（全 8 卷）》《日语读本教授用参考书（8 卷）》。目的是谋求日本精神与巴西精神相融合，创造出更高的巴西文化
	伪满洲国警察协会编纂《警察用语日语读本》
	日本国际文化振兴会举办第 1 届、第 2 届关于日语海外普及的协议会。"关于日语海外普及的协议会记录"第 3 届（1938 年）
	大出正笃著《有效果的速成式标准日语读本（全 4 卷）》（1937—1942 年）。它是供在伪满洲国为了日语普及政策引入了语言学鉴定考试对策使用
	阿根廷在亚日本人会附属日本小学成为公认学校，实行日语以及西班牙语的教育
	梅津隼人著《公学校"国语"读本 本科用（卷 1—6）》《补习科用（卷 1—4）》第 4 次编纂完毕，供南洋群岛居民使用
1938 年	巴西联邦政府（实行新移民限制法）在农村区域禁止向未满 14 岁儿童教授外语，命令关闭巴西全国所有的外语教育机构。圣保罗州内日语学校有 294 所
	伪满洲国实行新学制。日语作为"国语"成为必修科目
	朝鲜总督府修正朝鲜教育令，强调内鲜一体、"皇民"教育化
	伦敦大学东洋学部添加非洲部门成为 SOAS（The School of Oriental and African Studies）
	维也纳大学设立日本学研究所开始日语教育。1965 年作为日本文化研究所独立
	东京无线电广播开始日本向巴西的广播
	《国民学校日语国民读本（全 8 卷）》（1938 年—1939 年）
	伪满洲国政府民政部出版《国民高等学校女子国民高等学校日语读本（卷 1—8）》（1938 年左右—1942 年）
	松宫弥平著的《日语会话（3 卷）》由日本日语文化学校出版，它为英语国民所编学习书兼教科书
	日本外务省文化事业部出版《在支那的日语教育情况》，收录了在外公馆关于七七事变后的日语教育和普及情况的调查报告
	南洋群岛教育会出版《南洋群岛教育史》，该书全面阐述了关于在南洋的统治下"国语"教育的历史以及现状
	日语教授研究会根据外务省的委托在诸国创办日本文化研究所，日语学校建校

1939 年	日本举办第 1 届国语对策协议会
	中国台湾"国语"研究会成立。完成《台湾"国语"相关文献目录》（1941 年）
	日本日语文化协会设立。原日语教授研究所。完成《关于日语教师培训的研究》《对于支那人的日语教育教学法大纲》的编纂
	苏联出版 V.N. 马鲁克瓦著《俄日词典》
	捷克斯洛伐克布拉格东洋学研究科编纂了 Uč ebnice Hovorov é ho Jazyka Japonsk é ho，V. 和鲁斯卡（1909—1968）参与编辑的日语教科书
	罗马尼亚出版拉杜·佛龙杜尔（1900—1956）著的《罗马尼亚语—日语词典》。青山清松、根津宪三、林不可止等人共同编著
	朝鲜出版《初级"国语"读本（卷 1）》《初级"国语"读本教师用（卷 1）》
	长泽直兄在文部省图书局的嘱托下协助编辑面向占领地的日语教材
	日本外务省文化事业部发行《发展到世界的日语》，它是介绍全世界的关于日语普及情况的演讲之类的报告书
	日本国语文化学会设立。原语言之会（1935 年成立）。机关杂志《语言》发行
	北京新民印书馆出版藤村作、山口喜一郎、钱稻孙合著《正规日语讲座》（1939—1942 年）
	巴西全国日本人学校总数达到 486 所
	日本出版石黑修著《"国语"的世界性进军——海外外地日语读本的介绍》
1940 年	日本声明建设"大东亚共荣圈"日语教育重视对策
	日本文部省图书局设置文化部"国语"课，管辖日语教育。1943 年移至教育局
	日语教育振兴会设立
	意大利古丽路蒙·斯卡利泽著《意日词典》出版，是附带军事用语的意日词典
	巴西联邦政府制定外国人登陆制度。全部日文报纸停刊
	石黑修著《日语的问题》《日本和"国语"政策》出版
	国际学友会出版《日语教科书基础篇》（Basic Japanese）。以二十岁左右的留学生为对象编纂，重视声音教育
	北京新民印书馆陆续出版《日语入门》《日语初学》《日语大要》《日语大成》
	NHK（日本广播协会）面向北美·南美·加拿大西部对海外广播日语讲座
	面向南美对海外广播日语讲座。巴卡丽夫妻为负责人

续表

	中国台湾学艺社出版寺川喜四郎著《在台湾的"国语"音韵论（音质·音量篇）——在外地的"国语"发音问题》
	北京新民印书馆出版山口喜一郎著《日语教授法概论》，阐明直接法的精神和其技术
	文部省举办第 2 届"国语"对策协议会
	日语教育振兴会作为文部省的外围团体移进文部省内。杂志《日语》发行（—1945 年）
	美国出版 J.K. 亚马基瓦（1906—1968）著 *Michigan Readers*(Yamagiwa-Shôhara)
	美国海军日语和陆军日语学校为了语言学必要人员的培训开始集中日语计划
	S.G. 埃里瑟耶夫和 O. 赖肖尔（1910—1990）著《大学生用的初级日语》（*Elementary Japanese for University Students*）在苏联和美国出版
	巴西圣保罗法系大学创办日语讲座
	秘鲁圣马科斯大学创办日语讲座
	墨西哥国立自治大学（UNAM）开办日语讲座
1941 年	日本修文馆出版石黑修著《日语世界化》，讲解伴随着日语海外普及产生的诸多问题
	国际学友会出版《日语教科书（卷 1）》，作为《日语教科书基础篇》（1940 年）的发展教材制定。读本形式《卷 2—4》（1942 年）、《卷 5》（1943 年）出版
	日语教育振兴会出版《口语（上·中·下）》，编纂了面向中国大陆版和面向南方版 2 类
	日语教育振兴会出版《日语读本（卷 1）》。《口语（上、中、下）》的续编。面向中国大陆制定的《卷 2、3》（1945 年）、《卷 4、5》（1943 年）出版
	日语教育振兴会出版《口语学习指导书（上、中）》。《口语（上、中、下）》的教师用指导书《口语学习指导书（下）》（1942 年）出版
	国际学友会出版《重要的 500 个汉字和其熟语》
	国际文化振兴会组织南方文化事业委员会，将重点转移到法属印度支那、泰国、缅甸等地的文化活动上
	青年文化协会本年 2 次举办进军海外日语教师培训讲座
	东京女子大学设置特设预科
	里约热内卢日巴中央协会支部创办日语讲座

续表

	日本内阁裁定关于南方等地日语教育以及日语普及议题，开始南方特别留学生培训事业
	文部省创办第1届南方派遣日语教育要员培训所，开始第1次讲习（6周课程）
	文部省出版《面向南方地域的日语教科书》
	青年文化协会举办日语教授法研究会、日语普及研究会
	国际文化研究所出版《日语练习用日语基本句型》
	三尾砂（1903—1989）著《口语的语法（措辞篇）》出版
	日本东南亚洲学院设立
	美国出版 W.M. 马克伽邦著 *Collaquial Japanese*，New York, Dutton Co. 讲解日语语法
	美国出版 L. 布龙菲尔得著 *An Outline Guide for the Practical Study of Foreign Language*，是美国陆军策划的特别训练计划的理论书
	美国出版 B. 布洛克（1907—1965）和 G.L. 特雷哥合著 *Outline of Linguistic Analysis*
	美国 SMG（学生管理集团）设立军事政治学校
	美国实行日本人强制收容。截至1946年加利福尼亚州的慈利雷克收容所共计收容29490人。在收容所内开始日语教育
	伦敦大学东洋学部为了获得军中日语要员，开始日语特殊课程
	古丽路蒙·斯卡利泽著《日语口语语法》在意大利和日本发行
	在日本的军事统治下，菲律宾、印度尼西亚、马来西亚、缅甸开始日语教育
	印度尼西亚的雅加达医科大学、万隆工科大学创办日语、日本学讲座，实施协作军政的教育
1942年	印度尼西亚加巴军政部巴达维亚日语学校建校，培养东印度青年层的指导者
	日本军军政监部在新加坡（旧马来西亚）设置兴亚训练所，是针对政府机关中的骨干官员进行日语等科目的再教育机构。1943年设置马六甲训练所
	缅甸兰贡日语学校建校，之后管理权移交军事政治监督部
	新加坡昭南日本学院建校，附设昭南儿童学院。同年，第3期学生修业完成时改名为军事政治监督部"国语"学校
	新加坡昭南本愿寺日语塾实施日语教育
	日本军军政监部直辖于仰光的日语学校建校。截至太平洋战争结束，创办了约五十所附设的日语教室、日语学校
	菲律宾创办教员训练所
	日本白水社出版冈本千万太郎著《日语教育和日语问题》，它从教授南方等国留学生日语的经验出发研究日语教学的诸多问题
	"国语"文化研究所出版舆水实著《日语教授法》，它以在教授南方人时的诸多问题为中心的教授法，讲解基本句型等
	日本出版盐田良平著《日语教育的进展》《日语教育的问题》
	日本出版保科孝一著《"大东亚共荣圈"和"国语"政策》，展开作为东亚语的日语论
	日本出版松宫弥平著《日语教学的出发点》
	庆应义塾大学新设外语学校，设置特设语学科，教授希望去日本的大学或专业学校上学的外国人日语
	日本日语文化协会发行《日语教授指针—入门期—》"初级日语学习用留声机唱片"（5张1组）
	日语教育振兴会出版《日语读本（1—5卷）》（1942—1943年）。《口语（上、中）》作为后续编纂

续表

1943 年	国际学友会接受了由大东亚省、陆海军省选拔出来的 116 名南方特别留学生（缅甸、爪哇、泰国、法属印度支那等地）
	国际文化振兴会设立，1972 年被国际交流基金会接替。出版了面向海外的日语教科书《日本的语言（上）》《日本的语言教授用书》
	日语教育振兴会出版《日语教授法的原理》。出版《初级学校用日语教本（卷 1—3）》（1943—1945 年）用于南方等地域
	创办 CATP（民政培训计划），在日本、远东为了展开军事活动而开展的训练课程，包含日语、日本国情等课程
	菲律宾发行周刊报纸《日语》
	木村宗男、小出词子等人作为帝国陆军文官调往马尼拉市内，在当地政府机关、公立学校实行日语教育
	日本出版铃木正藏著《对于中国人的日语教授》，阐述了在东亚学院体验教授中国人上的注意点
	日语教育振兴会出版长沼直兄著《成人用速成日语读本（上、下）》
	日本出版日本国语会编《新东亚建设和日语的问题》《"国语"的尊严》《作为大东亚通用语的日语》《外地·大陆·南方日语教授实践》
	日本新纪元社出版山口喜一郎著《日语教授法原论》。详细说明日语教授法的原理和其技术《作为外语的我国"国语"教授法》（1933 年）再版
	日语教育振兴会出版汤泽幸吉郎著《日本语法教本》《日本语法教本学习指导书》
	国际文化振兴会出版汤泽幸吉郎著《日语小文典》、英语版 *A Basic Japanese Grammar*
	日本女子大学（英文学部·樱枫会教育部）举办日语教授法讲习会
1944 年	保加利亚奥斯贝特评论国立大学在举办日语讲座创办纪念仪式。渡边教授为讲座负责人
	国际文化振兴会出版《日语基本词汇》，选定了 2003 个基本词汇，并标明其用法
	日本出版寺川喜四郎著《标准日语发音大词典》，由发音讲解篇和词典篇两部分构成
	日语教育振兴会出版汤泽幸吉郎著《现代语法的诸多问题》
	国际文化振兴会出版《日语表现文典》，它是以句型为中心编纂的口语的语法书
	日语教育振兴会出版《学习日语（1、2）》，它是面向南方的读本，分为菲律宾篇、马来篇、爪哇篇、缅甸篇 4 个部分
1945 年	日语教育振兴会出版《中等学校日语教本（卷 1、2）》，供南方等地域的中学的 4 年课程中一年一本制学习
	美国国防部出版 *Spoken Japanese Basic Course*（2 卷），作为美军的日语学习教科书
	日本文化出版社出版长泽直兄著《日语的入门》（*First Lessons in Nippongo*）。以能理解英语的亚洲的学者们为对象，用罗马字书写的教科书
	日本国际学友会根据外务省的外国人留学生辅导团体统一化方针，关闭日语学校
	日语教育振兴会根据 CHQ 的指示解散

续表

1946 年	北京大学设置东方学系日本语言文化教研室
	美国科内尔大学开始日语计划
	伦敦大学设置日语科
	英国出版 O. 巴卡丽和 E.E. 巴卡丽著 *Japanese Readers*（2 卷），它是从入门的文语文涉及候文的自学书
	日本语言文化研究所设立。作为财团法人继承日语教育振兴会（1945 年解散）。理事长是长泽直兄
1947 年	剑桥大学设置东洋学部日语学科
	二战后，泰国官方机构比皮特·皮木科高中（专科学院）首次开始日语教育
	秘鲁维多利亚日本人小学指导将日语作为第二外语的日本血统者日语。陷入日语教育混乱期
	东德柏林大学 M.N. 拉明古（1891—1978 年）再次开始教授日语和日本文学
	捷克斯洛伐克卡莱尔大学在哲学部设置日语学科
	高桥一夫（1911—1975）成为文部省教科书局特约顾问，翌年成为文部省教科书调查员，参与日语教育学会（1962 年设立）成立计划
1948 年	日本旺文社出版上甲干一（1912—1966）《日语教授的具体研究》，分为理论篇和实际篇
	语言文化研究所附属东京日语学校建校，长泽直兄就任校长。在日语地区语言学科，经教授指导，修订了《标准日语读本》，促进了附属教材的制定
1949 年	慕尼黑大学创办日本学中心
1950 年	京都日语学校建校
	语言文化研究所附属东京日语学校举办第 1 届日语教室夏季讲习会。二战后的初次公开日语教师培训演讲会
	日本出版长泽直兄著《修订版标准日语读本（卷 1—8）》、*Basic Japanese Course*。后者可以说是二战后初级会话教材的雏形，日语文章全部用罗马字标注并附上英语翻译
	捷克斯洛伐克在布拉格外国语学校开始夜校日语教育
1951 年	国际学友会从 1945 年开始关闭的日语学校作为日语教育部重新崛起。铃木忍兼任教育部长和日语教室主任
	匈牙利中东极东大学伦巴第支部创办日语日本文化讲座
	日本圣约瑟夫日语学院建校
1952 年	日本设立美国国务省日语研究所，它是美国国务省外交官培训机构 Foreign Service Institute 的日本分校
	将东京日语学校日语教师夏季讲习会全部修完者作为会员的日语教师联盟成立
	巴西根据 1947 年的教育令再次开始日语教育
1953 年	国际学友会接纳印度尼西亚政府派遣来的技术研修生 60 名

续表

1954 年	文部省开始实行邀请公费外国留学生制度。东京外国语大学、大阪外国语大学设置 1 年制的留学生别科
	国际学友会出版《NIHONGO NO HANASIKATA》（*How to Speak Japanese*）、《平假名的读法》
	早稻田大学在教务课开始日语教育
1955 年	日本国际基督教大学设置日语专修课程
	国际学友会接纳科伦泊计划的技术研修生、柬埔寨和缅甸政府的派遣学生、泰国警察学生等
	波兰华沙大学设置日本学科，科坦斯基（因《古事记》的研究而有名）被聘为主任
1956 年	关西国际学友会馆创办
	苏联出版 N.I. 费里德曼著《日俄学习字典》。其殁后出版了《增补修订第 2 版》（1977 年）
	加拿大不列颠哥伦比亚大学开始日语教育
	莫斯科国立大学创办亚洲·非洲多国大学（原东洋语大学）
	吉林大学设置日语教研室，开始公共日语（非专修日语）的教育
1957 年	国际学友会出版铃木忍等人编的《日语读本（1—4）》，它是继承《日语教科书》（1941—1943 年）的以读写为中心的读本
	南越南西贡大学教养学部附属外语学校开始日语教育。1972 年作为外语学校独立，直到 1975 年发生政变一直实行日语教育
	日本国际教育协会作为文部省外围集团成立。公费留学生的服务机构。出版《日本国语教育协会新闻》（隔月刊）、《日本国际教育协会年度报告》（一年一期）
1958 年	庆应义塾外语学校开始日语教育。1964 年改组为国际中心日语科
	印度尼西亚日本文化学院建校
	上海交通大学设置科技外语系日语教研室
1959 年	海外技术者研究协会（AOTS）设立。实行针对由民间基地给予技术合作的实行机构、研究生的日语教育
	国际学友会出版铃木忍等人编的《读法》，它是为学习平假名和片假名而制作
	阿根廷比加马拉贝鲁日语私塾建校
	柬埔寨金边大学在文学部、语学部实行日语教育（—1973 年）
	NHK 国际广播开始用英语、印度尼西亚语区域性的播放日语教育节目
1960 年	千叶大学、东京外国语大学设置针对公费留学生的 3 年制留学生课程
	菲律宾大学开始日语教育

续表

1961 年	千叶大学发生了由留学生主导的罢课事件
	韩国外国语大学设置日语科
	美国 Yale Univ.Press 出版 *Beginning Japanese Part* Ⅰ 、*Beginning Japanese Part* Ⅱ（1963 年），它是以音声教学法探讨为基础首次编纂的日语初级教材
	F.J. 丹尼尔斯成为伦敦大学第一位日本学教授
	日巴文化普及会·日语教科书出版委员会完成了第 1 期《日语教科书（全 8 卷）》的编纂，它融入了巴西文化，面向日籍巴西人
	日本亚洲协会由于科伦坡计划（C.P.）向东南亚等国派遣了日语教育专家
1962 年	对外国人的日语教育学会设立，第一任会长是养利三郎。发行《日语教育》
	中国出版陈信德（1905—1970）著《现代日语实用语法（上、下）》
	美国日语教育协会（ATJ）设立，它是以美国、加拿大为中心的由日语教育相关者、日本文学日本文化研究者组成的国际团体，出版 *The Journal of the Association of Teachers of Japanese*（1963 年）
	罗马日本文化会馆设立，创办免费日语讲座。《日意基本语词典》（1976 年）
	印度尼西亚国立万鸦老教育大学设置汉语·日语学科
	韩国国际大学在首尔设置日语日文学科
	西安交通大学设置外语系日语研究室
	海外技术合作事业团（OTCA）设立并交接了亚洲协会的日语教育事业
	海外技术者研修协会（AOTS）编纂 *Practal Japanese Language*。同年，修改一部分后并改为 *Practal Japanese Conversation* 出版
	东京日语中心建校
	早稻田大学语言学教育研究所设立。教务科已于 1954 年开始实行日语教育
1963 年	美国·加拿大 11 大学联合日本研究中心设立，原斯坦福中心（1961 年设立），由哥伦比亚大学等 11 所高校组成的日语教育机构
	日本国际教育协会实行第 1 次自费留学生统一考试
	美国出版 Mieko Han 著 *Modern Japanese*，由 L.A.,Mikado publishing 出版
	印度尼西亚帕加加朗大学在文学部设置日语日本文化学科
	瑞典斯德哥尔摩大学开始以学生为对象的日语教育。日语讲座负责人是 Seung-Box Cho(赵承福)
	巴西圣保罗大学哲学、文学、人文学部东洋学科创办日语讲座
	日本国际基督教大学出版 *Modern Japanese for University Students Part 1*、*Part 2*（1966 年）、*Part 3*（1968 年）

1964 年	东海大学设置留学生别科
	早稻田大学语言学教育研究所举办第 1 届日语教育公开讲座
	文部省设置留学生课
	牛津大学将日语研究扩大到语言、文学、历史、文化上
	印度尼西亚万隆大学设置专为培养高中日语老师的日语·日本文学科
	墨西哥大学生研究院开设日语课程
	泰国法政大学开始日本教育
	仰光外语学院创办，实行日语以及外语的语言学专业教育
	国立仰光外语学院创办。四大讲座之一为日语讲座
	西德 H. 土诃露得（1908—1979）著《日语日常会话》（*Japanische Umgangssprache*）出版
	中国出版陈信德等人合编《日语（第 1、2、3 册）》
	钉本久春成为夏威夷大学 East-West Center 的客座教授，依照夏威夷教育会的委托完成了《日语教科书》12 卷的编纂
	日本出版长泽直兄著《重新修订标准日语读本（卷 1—5）》（1964—1967年）、《标准日语读本》（1931 年）修订版（全 8 卷 1948 年）的再次修订，缩整到 5 卷
1965 年	文部省举办日语教育研修会。之后的主办方变更为文化厅、国立国语研究所
	上智大学出版 A. 阿鲁冯索著 *Japanese Language Patterns Vol.1,Vol.2*
	早稻田大学语言学教育研究所出版《日语教育讲座》
	西德蒂宾根大学创办日本学讲座
1966 年	文部省出版《专为外国人的汉字辞典》（高桥一夫等人编）、《专为外国人的专业词汇辞典》
	新加坡星日文化协会日语学校建校
	罗马尼亚以欧·特以穆修（1890—1969）在布加勒斯特大学首次创办了日语讲座
	庆应义熟大学国际中心出版《日语和日语教育》
	驻印尼日本大使馆宣传文化中心开始日语讲座
	菲律宾驻日本大使馆宣传文化中心创办日语讲座，创建以社会人为对象的初级到高级的班级
	泰国朱拉隆功大学创办日语研究讲座（通称捐赠讲座）
	马来亚大学语言学中心开始日语讲座

1967 年	文部省规划日语教育用映像机械材料，截至 1973 年共制作 6 部
	海外技术者研究协会（AOTS）出版《实用日语会话》（*Practical Japanese Conversation*），1962 年出版的修订版
	夏威夷大学编纂了 *Learn Japanese;College Texe,Vol. Ⅰ – Ⅳ*（J.Young,K. Nakajima)(1967—1968 年）
	国立印度尼西亚大学开始日语研究讲座
	在澳日本总领事馆开始日语·介绍日本文化的讲座，作为宣传活动的一环
	新加坡教育局引进日语作为中学 3、4 年级生和高中 1、2 年级生的选修科目
	新西兰在中等教育中引进日语教育作为外语的正规科目
	墨西哥国立自治大学（UNAM）创办日语课程
	大阪外国语大学编纂了 *Basic Japanese;Intensive Coures forSpeaking and Reading Vol.1,Vol.2*，由留学生别科日语研究室编写，寺村秀夫是核心成员
	早稻田大学语言学教育研究所出版《外国学生专用日语教科书初级》
1968 年	（归还小笠原诸岛）派遣国语教师
	文部省出版《专为为国人的日语读本》
	澳大利亚西澳工科大学设置日语课程。1969 年由 2 名日本人、1 名澳大利亚人组成了教师阵容
	新西兰奥克兰大学设置日语科
	保加利亚索菲亚大学开始由东洋语学科主板的日语公开讲座
	西德弗莱布鲁克大学创办日本学讲座
	印度德里大学创办中日研究学科日语课程
	马来西亚日语协会以一般成年人为对象开始日语讲座
	大阪外国语大学编纂了 *Intermediate Japanese Vol.1,Vol.2*
	东京外国语大学设置特设日语系（4 年制），废除该校和千叶大学的留学生课程
	日本驻美釜山总领事馆创办日语讲座
1969 年	大阪外国语大学编纂了《日语·日本文化》
	马来西亚马拉工科大学创办日语讲座，作为选修外语学习
	在泰日本大使馆宣传文化中心创办日语讲座

续表

1970 年	东京外国语大学成立了专为公费留学生的预备教育的日语学校
	美国中级贝里大学暑期日语学校作为暑期外语学校（德、法、西、俄、意、中、日）建校
	新加坡教育局开设日语教师培训讲座
	苏联出版 N.I. 康拉德著《日俄大辞典》
	马来西亚科学大学创办日语讲座，将日语教育作为选修外语
	日墨文化学院建校，它以墨西哥的成人为日语教育对象
	清华大学·复旦大学设置外语系日语教研室
	语言文化研究所出版《日语教育研究》
1971 年	文部省文化厅出版高桥一夫等人合编《对外国人的基本用语实例词典》
1972 年	日本国际交流基金设立
	南斯拉夫在贝尔格莱德的人民大学创办了日语课程
	意大利佛罗伦萨大学创办日语研究讲座
	韩国政府认可赴日留学
	韩国在启明大学研究生院设立日语日文学科
	海外技术者研究协会（AOTS）出版《日语的基础Ⅰ》《日语的基础Ⅱ》（1981 年）
	庆应义塾大学国际中心创办日语教授法讲座
	驻越日本大使馆宣传文化中心创办日语讲座（—1975 年）
1973 年	国际交流基金会举办了第 1 届海外派遣日语教员研修会、第 1 届海外日语教员研修会
	澳大利亚维也纳大学翻译口译研究所创办日语学科
	波兰亚当·米茨丘吉大学开始日语教育
	北京师范大学设置日语科
1974 年	国际合作事业集团（JICA）设立，统一合并了海外技术合作事业集团、海外移居事业团、青年海外合作队
	埃及开罗大学设置文学部日语日本文学科
	国立国语研究所设置日语教育部
	东海大学、莫斯科国立大学成立交换留学制度
1975 年	国立国语研究所制作日语教育电影基础篇单元 1—6 共 30 卷（—1983 年）
	西班牙马德里国立语言大学创办日语讲座。1978 年设置日语科
	马来西亚国民大学创办日语讲座，日语教育作为选修外语
	蒙古国立民族大学文学部外语系创办日语班级
	布加勒斯特大学在文献学部汉语学科增加日语作为副专业科目

续表

1976 年	国际交流基金开始日语教育的短期巡回指导
	国立国语研究所将日语教育部改组为日语教育中心
	巴西圣保罗大学院内成立日本文化研究所
	南斯拉夫贝尔格莱德大学在语言学部东洋学科作为第二专修科目设置 2 年期的日语课程
	泰国卡色萨特大学开始日语教育
	中国香港在电视播放初级日语（—1978 年）
	日本天理大学设置日语教师培养课程
1977 年	日语教育学会成为社团法人，其前身为对外国人的日语教育学会
	大阪外国语大学设置日本学硕士课程
	新加坡教育局将日语指定为中学教学科目中的第三国语。1978 年设置外语中心日语部、创办日语讲座
	泰国清迈大学创办日语讲座
	南京大学外国语学院设置日语科
	国际日语普及协会（AJALT）设立
	在韩日本大使馆创办日语讲座，编纂了教材《初级日语》
1978 年	西德科隆大学创办日本学讲座
1979 年	亚洲福利教育财团设置难民事业本部，开始对印度尼西亚难民的日语教育
	韩国 KBS 广播播放日语讲座，教材为《基础日语》
	东北师范大学开始赴日留学生的预备教育
1980 年	韩国 KBS 广播放映日语讲座，教材为《简单的日语》
1981 年	北京大学编纂了《基础日语（发音篇·第 1、2、3、4 册）》（1981—1987 年），由商务印书馆出版
	西德埃朗根大学创办日语讲座
1982 年	日语教育学会编纂了《日语教育事典》
1983 年	西德哥廷根大学创办日本学讲座
1984 年	文部省学术国际局留学生部发表"关于面向 21 世纪留学生政策的展开"（通称、留学生 10 万人计划）
	日本国际教育协会、国际交流基金开始共同举办日语能力鉴定考试
	国立国语研究所编纂了《为了日语教育的基本词汇调查》
1985 年	东京外国语大学将特设日语科改名为日语学科
	日本学研究中心在北京外国语学院设立
	筑波大学设置日语·日本文化学科
	筑波大学、东京大学、名古屋大学、九州大学开设留学生教育中心，实行研究生留学生、实习教师留学生的日语教育。除此还有北海道大学、东北大学、大阪外国语大学、广岛大学等共计 8 所院校

1986 年	外国人就学生接受机关协议会设立
	国际交流基金创作了播送用录像教材《小杨和日本人们（第 1、2 卷）》（1989）
1987 年	波兰雅阁乌大学提高了日语讲座在日语学科中的地位
1988 年	日本国际教育协会实行第一次日语教育能力鉴定考试
	金田一春彦著《日语（上、下）》出版
1989 年	国际交流基金开设日语国际中心
	日语教育振兴协会设立
1990 年	国际交流基金在曼谷、雅加达、悉尼开设了海外日语中心
	柬埔寨"Nihonjin Kai Nihongo Kyoshitsu"日语教育开始
	保加利亚索菲亚大学提高了日语讲座在日语学科中的地位
1991 年	NHK 教育电视"标准日语讲座"放映开始
	国际交流基金出版《世界的日语教育》
1992 年	文部省出版《来学日语吧》，它是在日本国内专为外国儿童和学生们使用的日语教科书
1993 年	文部省开始"关于必须接受日语的外国儿童和学生们的接纳程度的调查"
1994 年	国立国语研究所开始关于国际社会中的日语"新专业"的综合性研究
	马来西亚国营广播局开始日语讲座
1995 年	电视初级日语讲座开始在巴西的 20 个州放映
1996 年	日本贸易振兴会（JETRO）实行第一次日本贸易振兴会商务日语能力考试。出版商务日语教材《课长》
1998 年	文部省设立关于推进今后日语教育施策调查研究人员的会议
1999 年	文部省设立关于培养日语教员的调查研究者会议
2000 年	台湾长荣大学设立台湾日本语言文艺学会
2001 年	国际交流基金开始青年日语教师的派遣
2002 年	中国日语教学研究会召开东亚日语教育国际研讨会
2003 年	ALC 出版株式会社《日语杂志》停刊
2004 年	中国日本语能力测试申请者突破 10 万人
2005 年	国际交流基金向北京日本文化中心派遣大学基础课程专家
2006 年	国际交流基金、中国教育部在中国召开第一次大学日语教师研修会议
2007 年	美国大学理事会实施第一次 AP 日语考试
2009 年	日本国际教育协会将日本语能力测试改为每年两次
2010 年	日本国际教育协会开始实施新日本语能力测试
2011 年	第十届世界日语教育研究大会在中国召开
2012 年	国际交流基金在中国召开第一次地区日语教师网络会议
2013 年	国际交流基金出版《中国的教师研修记录（—2012）》《艾琳学日语》

参考文献

中文文献（著作）

1. [英] 阿诺德·汤因比：《历史研究》，刘北成、郭小凌译，上海人民出版社，2000 年。

2. 安成日：《当代日韩关系研究（1945—1965）》，中国社会科学出版社，2009 年。

3. 戴炜栋主编：《高校外语专业教育发展报告（1978—2008）》，上海外语教育出版社，2008 年。

4. 付克：《中国外语教育史》，上海外语教育出版社，1986 年。

5. 卢鸿德：《日本侵略东北教育史》，辽宁人民出版社，1995 年。

6. 齐红深主编：《抹杀不了的罪证——日本侵华教育口述史》，人民教育出版社，2005 年。

7. 齐红深主编：《日本侵华教育史》，人民教育出版社，2002 年。

8. 唐振福：《日本教育国际化战略研究：基于公私二元结构路径的视角》，经济科学出版社，2012 年。

9. 吴廷璆：《日本史》，南开大学出版社，1994 年。

10. 武强：《日本侵华时期殖民教育政策》，辽宁教育出版社，1994年。

11. 武强主编：《东北沦陷十四年教育史料》（第二辑），吉林教育出版社，1993 年。

12. 徐一平、曹大峰主编：《中日教育合作实践与成效研究——以"大平班"和北京日本学研究中心为例》，学苑出版社，2013 年。

13. 薛军力、徐鲁航：《台湾人民抗日斗争史》，北京燕山出版社，1997年。

14. 余子侠、宋恩荣主编：《日本侵华教育全史》（四卷本），人民教育出版社，2011年。

15. 载炜栋、胡文仲主编：《中国外语教育发展研究（1949—2009）》，上海外语教育出版社，2009年。

16. 臧佩红：《日本近现代教育史》，世界知识出版社，2010年。

17. 中国第二历史档案馆编：《中华民国史档案资料汇编》，江苏古籍出版社，1997年。

18. 中央教育科学研究所编：《中国现代教育大事记》，教育科学出版社，1988年。

19. [日]金子将史主编：《公共外交"舆论时代"的外交战略》，外语教学与研究出版社，2010年。

20. 台湾教育会编：《台湾教育沿革志》，台北小塚本店印刷工场，1939年。

21. 叶荣钟：《台湾人物群像》，台北帕米尔书店，1985年。

中文文献（报刊文章）

22. 蔡琼芳：《台湾的日语教育——以政治大学日文系为例》，《国外外语教学（FLTA）》，2007年第2期。

23. 段奕：《硬实力——软实力理论框架下的语言——文化国际推广与孔子学院》，《复旦教育论坛》，2008年第6卷第2期。

24. 龚娜：《新日本国家协力机构与日本国家软实力》，《日本研究》，2012年第4期。

25. 胡以男：《日本的日语教育与日语教授法管窥》，《山东外语教学》，2002年第2期。

26. 李延坤:《"关东州"的殖民文化研究——以日语教育为中心》,《东北亚论坛》,2012 年第 2 期。

27. 刘立恒:《中外合作创建孔子学院的问题与对策》,《沈阳师范大学学报》(社会科学版),2007 年第 3 期。

28. 南岳生:《"国语"的普及与本岛统治的"国策"》,《台湾自治评论》1991 年第 1 卷第 1 号。

29. 谯燕:《日语推广的历史与现状》,《国际汉语教学动态与研究》,2007 年第 2 期。

30. 任其怿:《日伪时期内蒙古西部的日本语教育》,《内蒙古师范大学学报》,2006 年第 11 期。

31. 孙鹏程:《孔子学院和国际语言推广机构的比较研究》,山东大学,2008 年硕士学位论文。

32. 孙新兴:《日本在青岛的殖民奴化教育评析》,《抗日战争研究》,2003 年第 1 期。

33. 谭振江:《护根》,《中华读书报》,2004 年 10 月 27 日。

34. 唐代兴:《创建文化软实力学的宏观视野与基本思路》,《湖南大学学报》(社会科学版),2010 年第 1 期。

35. [日]田中秀明:《汉语国际推广与日语国际推广的比较研究》,辽宁师范大学,2011 年硕士学位论文。

36. 夏军:《日伪统治下的日语教育》,《民国档案》,2005 年第 2 期。

37. 鲜明:《〈东语正规〉在中国日语教育史上的意义》,《日语学习与研究》,2011 年第 6 期。

38. 徐丽华:《孔子学院的发展现状、问题及趋势》,《浙江师范大学学报》(社会科学版),2008 年第 5 期。

39. 焦凡:《孔子学院汉语教学模式的思考与研究——以喀土穆大

学孔子学院为例》，西北师范大学，2013 年硕士学位论文。

40. 杨薇：《浅谈日本的海外日语教育对我国民族教育的借鉴》，《民族教育研究》，2007 年第 5 期。

41. 张红梅：《日据时期台湾的语言教育》，《长江大学学报》（社会科学版），2011 年第 4 期。

42. 张婧霞：《日语国际推广的历史与现状研究》，西南大学，2008 年硕士论文。

43. 长松：《华北敌伪奴化教育一瞥》，《中央日报》，1944 年 9 月 18 日。

44. 周翔鹤：《1895—1937 台湾地方社会的教育和殖民当局的同化政策——读台湾乡土文献》，《台湾研究集刊》，2003 年第 3 期。

日文文献（著作）

1. （财）海外技術者研修協会：『海外技術者研修協会三十年史』、1990 年。

2. 『日本語教育史論考第二輯』刊行委員会編：『日本語教育史論考第二輯』、冬至書房、2011 年。

3. セクパン会：『せくはん　ビルマ日本語学校の記録』、修道社、1970 年。

4. トムソン木下千尋、牧野成一：『日本語教育と日本研究の連携—内容重視型外国語教育に向けて』、ココ出版、2010 年。

5. ハワイ日系人移民史刊行委員会：『ハワイ日系人移民史』、日本出版貿易、1964 年。

6. 財団法人日本語教育振興協会 20 周年記念誌編集委員会：『日本語教育振興協会 20 年の歩み——日本語教育機関の質的向上を目指して——』、財団法人日本語教育振興協会発行、2010 年。

7. 大庭定男：『戦中ロンドン日本語学校』、中央公論社、1988 年。

8. 嶋津拓：『言語政策として『日本語の普及』、はどうあったか』、ひつじ書房、2010 年。

9. 富田仁・西堀昭：『日本とフランス——出会いと交流——』、三修社、1979 年。

10. 高見澤孟：『新しい外国語教授法と日本語教育』、アルク出版、1989 年。

11. 関正昭：『日本語教育史研究序説』、スリーエーネットワーク出版、1997 年。

12. 国際交流基金：『海外の日本語教育の現状——2012 年度日本語教育機関調査より』、くろしお出版、2013 年。

13. 国際交流基金・国際文化フォーラム：『日本語国際シンポジウム報告書』、1988 年。

14. 国際交流基金・日本語教育学会：『日本語教育国際会議』、1978 年。

15. 国際交流基金・日本語教育学会：『日本語教育国際会議第二回』、1980 年。

16. 河原俊昭、山本忠行、野山広：『日本語が話せないお友だちを迎えて——国際化する教育現場からのQ & A』、くろしお出版、2010 年。

17. 吉浦盛純：『日伊文化史考十九世紀イタリアの日本研究——』、イタリア書房出版部、1968 年。

18. 今野康裕、堀建司郎：『ニホン語の国際化—日本語学校の実情』，創現社出版、1993 年。

19. 茅野友子：『国際化時代の日本語』、大学教育出版、2000 年。

20. 名柄迪・茅野直子・中西家栄子：『外国語教育理論の史的発

展と日本語教育』、アルク、1989 年。

21. 木村栄一郎：「軍政期の教育制度と日本語教育」、『インドネシア——その文化社会と日本——』、早稲田大学出版部、1979 年。

22. 木村宗男：『日本語教授法』、凡人社、1982 年。

23. 木村宗男編：『講座　日本語と日本語　第１５巻　日本語教育の歴史』、明治書院、1991 年。

24. 日本国際教育協会:『財団法人日本国際教育協会組織と事業』、1990 年。

25. 日本語教育学会編:『日本語教育事典』、大修館書店、1993 年。

26. 森田良行・佐治圭三・加藤彰彦編:『日本語概説』、桜楓社、1989 年。

27. 実藤恵秀：『中国人日本留学史』、くろしお出版、1960 年。

28. 水谷修監修:『日本語教育の過去・現在・未来』（第1～5巻）、凡人社、2009 年。

29. 田尻英三：『日本語教育政策ウォッチ 2008』、ひつじ書房、2009 年。

30. 田尻英三・大津由紀雄：『言語政策を問う！』、ひつじ書房、2010 年。

31. 田口孝雄：『国際化時代の日本語教育—日本語教員志望者への全ガイド』、東京国際学園出版部、1988 年。

32. 丸山林平和：「満州国の日本語」、『国語文化講座第 6 巻』、朝日新聞社、1942 年。

33. 萬美保、村上史展：『グローバル化社会の日本語教育と日本文化—日本語教育スタンダードと多文化共生リテラシー』、ひつじ書房、2009 年。

34. 王智新：『日本の植民地教育・中国からの視点』、日本社会評論社、2000 年。

35. 文部科学省：『教育白書』。

36. 文部科学省：『文部科学白書』。

37. 文部省：『わが国の文教施策』。

38. 文化庁国語課編：『国内の日本語教育機関の概概』、文化庁、1987 年。

39. 文化庁文化部国語課：『外国人に対する日本語教育の振興に関する報告集』、1983 年。

40. 西堀昭：『日仏文化交流史の研究』、駿河台出版社、1988 年。

41. 細川英雄：『パリの日本語教室から』、三省堂、1987 年。

42. 小澤大二：『国際協力事業団に於ける日本語教育事業について——研修員受入事業、専門家派遣事業、日本青年海外協力隊事業、移住事業に於ける日本語教育——』、国際協力事業団総合研修所、1989 年。

43. 言語文化研究所編：『長沼直兄と日本語教育』、開拓社、1983 年。

44. 言語文化研究所編：『東京日本語学校三十年の歩み』、東京日本語学校、1953 年。

45. 総務庁行政監察局：『教育の国際化を目指して—日本語教育が必要な外国人子女や帰国子女の教育の現状と課題』、大蔵省印刷局、1997 年。

日文文献（报刊文章）

46. J. V. ネウストゥプニー：「オーストラリアの中等教育における日本語教育の現状と問題」、『日本語教育』三〇号、1976 年。

47. 安藤正次：「大東亜共栄圏における日本語の将来」『台湾教育』四八四号、1942 年 11 月。

48. 稲葉継雄：「米軍政下南朝鮮における国語浄化運動」、『筑波大学地域研究』一号、1983 年。

49. 窪田富男：「国内における日本語教育の歴史・現状・未来——日本語教育学会——」、『日本語学』四巻七号、1985 年。

50. 窪田富男：「二十一世紀へ向けての日本語教育」、『大学世界』九巻六号、全国大学人協会、1986 年。

51. 佐治圭三：「中国における日本語教育」、『日本語教育および日本語普及活動の現状と課題』、総合研究開発機構、1985 年。

52. 森清：「太平洋戦争前後における米軍将校に対する日本語教育—長沼直兄を中心に」、『日本語教育』六〇号、1986 年。

53. 石垣貴千代：「フランスの日本語教育——パリ第七大学——」、『日本語教育』五七号、1985 年。

54. 石田敏子：「フランスの日本語教育機関概説」、『日本語教育』二四号、1974 年。

55. 大出正篤：「日本語の世界的進出と教授法の研究」、『文学』八巻四号、1940 年 4 月。

56. 竹中憲一：「中国における日本語教育」、『早稲田大学社会科学研究所社研研究シリーズ』二二号、1988 年。

57. 日本語教育学会：『日本語教育』五〇号（特集「日本語教育の現状と今後の展望」）（創立 20 周年記念号）、1983 年。

58. 日本語教育学会：『日本語教育』七〇号（特集「日本語教育と社会」）、1990 年。

59. 日本語教育学会：『日本語教育』六三号（特集「日本語教員養成をめぐって」）、1987 年。

60. 日本語教育学会：『日本語教育』六六号（特集「多様化する学習者をめぐって」、1988 年。

61. 福井優：「満州国に於ける日本語普及の状況」、国語文化学会編『外地・大陸・南方日本語教授実践』、1943 年。

62. 木村宗男：「終戦直後の日本語教育」、『日本語教育』七〇号、1990 年。

相关网站

1. 日本文化庁：http://www.bunka.go.jp/index.html

2. 日本文部科学省：http://www.mext.go.jp/

3. 国際交流基金：http://www.jpf.go.jp/j/index.html

4. 国際日本語普及協会：http://www.ajalt.org/

5. 日本語教育学会：http://www.nkg.or.jp/index.html

6. 国際日本文化研究センター：http://www.nichibun.ac.jp/

7. 日本語教育振興協会：http://www.nisshinkyo.org/

8. BIT ビジネス日本語能力テスト：http://www.kanken.or.jp/bjt/

9. 東京日本語学校：http://www.naganuma–school.ac.jp/jp/index.html

10. 国際研修協力機構：http://www.jitco.or.jp/

11. 日本国際教育支援協会：http://www.jees.or.jp/

12. 日本国際協力機構：http://www.jica.go.jp/

13. 日本貿易振興機構（ジェトロ）：http://www.jetro.go.jp/indexj.html

14. 日本首相官邸：http://www.kantei.go.jp/

15. 北京日本文化中心（日本国际交流基金会）：http://www.jpfbj.cn/index.asp

16. 中国东北师范大学：http://www5.nenu.edu.cn/webC/jlhz/lryx.htm

后 记

本书是天津市 2016 年度哲学社会科学规划课题《日本战后日语教育国际化及其对中国文化走出去的启示》（TJSL16-004）的研究成果。

首先以最诚挚的谢意感谢恩师张健教授。回想本课题的提出最早还是在 6 年前我攻读南开大学世界近现代史博士课程的时候。回想那时的自己，学术意识欠佳，尚无撰写学术专著的能力。恩师张健教授在百忙之中始终关注我的研究进展，为我答疑解惑，亲授学术方法。老师严谨认真的治学之道、宽厚仁慈的胸怀、积极乐观的生活态度，为我树立了一辈子的学习典范，他的教诲与鞭策激励着我在学术和教育的道路上励精图治，开拓创新。

本书成书期间亦得到了杨栋梁教授的精心指导。杨教授在繁忙的工作之余始终关心着课题的进展情况。从课题的选题、提纲酝酿、结构设计到文字润色过程中无不倾注着老师的心血，并不厌其烦地解答我在写作过程中遇到的各种问题。

值此课题成果付梓之际，特向其他以不同形式支持和指导项目研究的专家学者致以衷心感谢，他们是：中国社科院汤重南研究员，南开大学李卓、宋志勇、臧佩红教授，天津外国语大学修刚、张晓希、李运博、朱鹏霄教授等。

最后，对本书责任编辑岳勇老师的辛勤劳作深表谢意！

谨以此书献给所有浇灌过它的园丁们！